GUIDE FOR STANDARDIZED CONSTRUCTION OF SICHUAN YANJIANG HIGHWAY TUNNELS

四川沿江高速公路隧道标准化施工指南

何　成◎主　编
李　涛　吴　剑◎副主编

人民交通出版社股份有限公司
北　京

内 容 提 要

本指南基于G4216线(屏山新市至金阳段)沿江高速公路工程实践,结合现有规范、标准,对沿江高速公路隧道施工的工序标准化、工艺标准化、技术标准化和管理标准化进行了详细介绍。

本指南内容详实,图文并茂,针对性和可操作性强,可作为沿江高速公路各参建单位的培训用书,也可供隧道及地下工程技术人员、高等院校相关专业师生参考。

图书在版编目(CIP)数据

四川沿江高速公路隧道标准化施工指南 / 何成主编
. —北京 : 人民交通出版社股份有限公司, 2022.3
ISBN 978-7-114-17835-1

Ⅰ.①四… Ⅱ.①何… Ⅲ.①高速公路—公路隧道—隧道施工—标准化管理—四川—指南 Ⅳ.①U459.2-62

中国版本图书馆CIP数据核字(2022)第028269号

Sichuan Yanjiang Gaosu Gonglu Suidao Biaozhunhua Shigong Zhinan

书　　名:四川沿江高速公路隧道标准化施工指南
著 作 者:何　成
责任编辑:谢海龙
责任校对:赵媛媛
责任印制:刘高彤
出版发行:人民交通出版社股份有限公司
地　　址:(100011)北京市朝阳区安定门外外馆斜街3号
网　　址:http://www.ccpcl.com.cn
销售电话:(010)59757973
总 经 销:人民交通出版社股份有限公司发行部
经　　销:各地新华书店
印　　刷:北京印匠彩色印刷有限公司
开　　本:787×1092　1/16
印　　张:13.75
字　　数:309千
版　　次:2022年3月　第1版
印　　次:2022年3月　第1次印刷
书　　号:ISBN 978-7-114-17835-1
定　　价:80.00元

编审委员会

主　编：何　成

副主编：李　涛　吴　剑

编　委（排名不分先后）：

布　赫　张　煜　周学雷　魏建新

李　强　陈　华　胥　进　周　程

高光明　刘志强　权晓亮　姚　治

审　稿（排名不分先后）：

雷　良　雷德明　黄红亚　李黎龙

李　阳　王建华　江登洪

前言

preface

G4216 线屏山新市至攀枝花高速公路沿金沙江布设，故称“沿江高速”。沿江高速是《国家公路网规划（2013—2030 年）》中 G4216 线成都至丽江高速公路的重要组成部分，分屏山新市至金阳、金阳至宁南、宁南至攀枝花共计三段同步建设。其中，屏山新市至金阳段全长 165.6km，隧道 45 座，隧线比为 70%，属于典型的沿江高速公路。

本段沿江高速公路隧道工程具有如下特点：一是“长”，全线特长隧道（> 3km）共计 17 座，其中锦屏隧道长度最长，达 9930m；二是“深”，埋深超千米的隧道共计 4 座，其中竹林湾隧道埋深最大，达 1344m；三是隧道结构形式多样，除分离式隧道外，尚有连拱隧道、小净距隧道、分岔隧道等；四是地质条件复杂，全线隧道穿越 9 处褶皱、14 处断层，穿越峨边—金阳、大凉山断裂等多个强地震断裂带，设计基本地震加速度为（0.1~0.2）g，地震基本烈度为Ⅶ～Ⅷ度，加上金沙江及其支沟深切卸荷、梯级电站蓄水库岸再造的影响，隧道施工面临着突涌水、瓦斯、岩溶、高地应力、软弱围岩等多种工程难题；五是施工现场条件复杂，隧道施工高峰期间作业面近 200 个，施工队伍众多，参建人员水平参差不齐，施工管理难度大。

鉴于上述工程特点，积极推行标准化施工，对于保障施工安全、提高施工质量、提升施工效率和降低施工成本意义重大。为进一步规范和指导沿江高速公路隧道施工，提高工程建设的标准化水平，打造安全、高效、规范、智慧的品质工程，在现有规范、标准和施工经验的基

础上，结合沿金沙江复杂艰险山区的特点，编写了《四川沿江高速公路隧道标准化施工指南》（以下简称《指南》）。

本《指南》共24章，涵盖工序标准化、工艺标准化、技术标准化和管理标准化，主要内容包括施工准备、洞口与明洞工程、施工测量、超前地质预报、超前支护、洞身开挖、出渣、初期支护、仰拱及填充、衬砌、防排水工程、附属设施、施工通风、监控量测、瓦斯隧道施工、连拱隧道施工、小净距隧道施工、浅埋偏压隧道施工、不良地质段隧道施工要点及案例、应急救援、信息化管理、文明施工、内业资料要求及质量检验检测要求。

本《指南》主要有以下3个特点：

（1）内容详实，系统全面。涵盖洞口、洞门、洞身等隧道结构以及测量、预报、开挖、出渣、支护、监测等隧道施工全环节的工序、工艺、技术、管理标准化要求；单列章节系统介绍瓦斯、连拱、小净距、浅埋偏压隧道施工，并附施工要点及案例。

（2）提炼总结，针对性强。在现有规范和标准以及施工经验的基础上，总结提炼出适用于沿江高速公路隧道工程特点的施工标准化要求，在某些指标上更为严格、细化。

（3）图文并茂，可操作性强。采用文字说明和标准化施工参考图相结合的方式，直观、易懂。

本《指南》主要适用于沿江高速公路动态设计与施工，鉴于隧道工程周边环境、设计、施工等的不确定性，难免存在疏忽与遗漏。为使本《指南》更符合沿江高速公路隧道工程建设实际和更有利于保证工程质量，各参建单位在参考执行中，应注意积累资料、总结经验，探索和丰富施工标准化内容，形成标准化的样板工程，对于发现的不足之处，可提出修改意见并及时反馈，以便及时修正。

本《指南》主要起草单位：四川沿江宜金高速公路有限公司、四川省交通建设集团股份有限公司G4216线宜金高速公路总承包项目部、四川公路桥梁建设集团有限公司G4216线宜金高速公路总承包项目部、中铁西南科学研究院有限公司。

作　者

2021年9月

目录

contents

1 施工准备

1.1 基本要求

作业要点	（1）在全面理解行业主管部门、建设、监理、设计等相关单位要求和交底的基础上，进行现场调查和核对。 （2）根据设计要求、合同、现场情况，编制实施性施工组织设计，并按规定报批。 （3）隧道开工前，必须建立健全安全、环水保、质量管理体系和质量检测体系，并对施工人员进行岗位培训和技术、安全交底。 （4）隧道开工前，应完成分部分项工程划分、先期工程施工方案编制及混凝土配合比设计等技术准备工作。 （5）施工驻地应规避不良地质灾害区域。 （6）衬砌模板台车宜在隧道开挖进洞前准备到位

1.2 前期调查

作业要点	为避免盲目施工，利于科学施工及统筹安排，要求进场前进行现场调查，宜包含但不限于下列内容： （1）历史洪水、地质灾害发生情况及不良地质现象。 （2）调查临近结构物的类型、数量、位置、埋置深度、与隧道的关系并分析隧道施工对临近结构物的影响。 （3）调查交通运输条件和施工运输便道，含公路等级、道路里程、路线平纵断面及桥涵限载条件、路面状况、车辆类型、交通量及可利用的乡村公路等。 （4）施工场地布置与洞口相邻工程、弃渣利用、农田水利、征地等的关系。 （5）建（构）筑物、道路工程、水利工程和电信、电力线等设施的拆迁情况和数量。 （6）调查隧道附近水源位置、储水量及水质情况等并拟定供水方案。 （7）调查设计提供的料场，鉴定天然筑路材料（黏土、砂砾、石料）的数量、质量并拟定材料供应方案。

续上表

<table>
<tr><td>作业要点</td><td>（8）调查当地可利用的电源、动力、通信、机具车辆维修、物资、消防、劳动力、生活供应及医疗卫生条件。
（9）调查当地气象、水文资料及居民点的社会状况和民族风俗：
①气温、气压、湿度、降雨量蒸发及冻土深度。
②河川流量、地下水位、水利状况、工程对地下水影响等。
③居民风俗习惯、宗教信仰、生活水准、社会秩序、环境保护和防止公害条例等。
（10）对地形、地貌、地质、动植物、土地利用、运输道路、噪声、振动、排水通路、地表下沉、名胜古迹、环境保护区等进行调查，分析施工中和运营后对自然环境、生活环境的影响及需要采取的保护措施。
（11）详细调查弃渣场，合理选择出渣运输方式及弃渣场位置，弃渣场容量应满足隧道施工要求</td></tr>
</table>

1.3 图纸核定

<table>
<tr><td>作业要点</td><td>核对设计文件是施工前的一项重要工作，宜包含但不限于下列内容：
（1）技术标准、主要技术条件、设计原则。
（2）隧道勘测资料，如地形、地貌、工程地质、水文地质、钻探图表等。
（3）隧道平面、纵断面、洞口横断面。
（4）洞门位置、式样、衬砌类型、洞口周围环境及衔接工程。
（5）设计文件中确定的施工方法、通风方案、技术措施是否与现场条件相符合。
（6）洞外排水系统和设施的布置是否与地形、地貌、水文、气象等条件相适应。
（7）设计给定的明暗分界断面地形地质与设计是否一致，边仰坡刷坡是否过高，浅埋段长度能否减少，能否按“早进晚出”原则调整明暗分界断面位置。
（8）工程数量</td></tr>
</table>

1.4 交桩复查

作业要点	（1）隧道施工前，施工单位应对勘察设计交付的隧道平面和高程控制网桩点进行逐桩逐点确认，遗失的桩点应补桩，资料与现场不符的应更正。 （2）隧道施工前，应建立测量复核体系，并进行测量方案设计。应根据隧道规模和贯通误差要求，综合考虑控制网等级和图形、测量仪器精度和测量方法，估算误差范围，确保测量结果能够满足工程需求

1.5 风险评估与动态管控

作业要点	（1）复杂地质条件下的大临工程和营地等，必须按规定做好安全风险评估。 （2）应根据项目总体风险评估结果，对风险等级在高度及以上的隧道工程，施工前，必须进行专项风险评估，做好安全风险防范工作。施工过程中，对风险评估工作实行动态管理： ①专项风险评估应根据设计风险提示、施工地质、资源配置及实施方案进行评估，提出相应的施工管控措施，注重施工管理、措施评价和落实，保证施工安全。 ②应根据专项风险评估得出的隧道重大风险源等级表，对安全风险等级达到高度及以上的段落，进行风险监测，制订对策，及时完善专项施工方案和应急预案，必要时进行专家论证。 ③专项风险评估报告应内容全面、数据完整、客观真实，提出的对策措施应具有可操作性。 ④当水文、地质条件、设计方案、施工方法、主要管理人员、资源配置等情况发生重大变化，应重新组织风险评估，并制订相应的监控与防治措施
参考图片	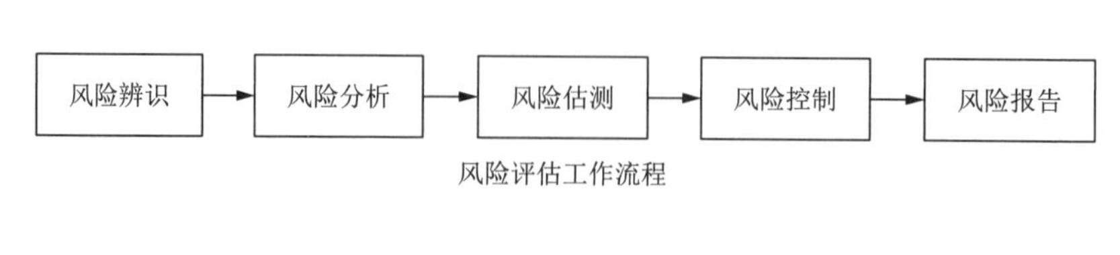 风险评估工作流程

1.6　专项施工方案与专家评审

作业要点	（1）应根据隧道主要风险点，明确关键方案思路，确定隧道施工主要方法，识别危险性较大的分部分项工程，并编制危险性较大分部分项工程专项施工方案。 （2）在实施过程中，若专项施工方案需要重大调整，须按规定程序重新编制、审核和审批。 （3）危险性较大的分部分项工程未编制专项施工方案时，严禁盲目组织施工。 （4）任何单位和个人无权擅自违反经审核批准的专项施工方案。 （5）需编制专项施工方案的有： ①不良地质隧道。 ②特殊地质隧道。 ③浅埋、偏压及邻近建（构）筑物等特殊环境条件隧道。 ④IV级及以上软弱围岩地段的大跨度隧道。 ⑤小净距隧道。 ⑥瓦斯隧道。 （6）专项施工方案需专家论证、审查的有： ①隧道穿越岩溶发育区、高风险断层、沙层、采空区、高地应力硬岩岩爆段等工程地质或水文地质条件复杂地段。 ②V级围岩连续长度占总隧道长度10%以上且连续长度超过100m。 ③VI级围岩的隧道工程。 ④高地应力软岩大变形、膨胀岩、黄土、冻土等地段。 ⑤埋深小于1倍跨度的浅埋地段。 ⑥可能产生坍塌或滑坡的偏压地段。 ⑦隧道上部存在需要保护的建（构）筑物地段。 ⑧隧道下穿水库或河沟地段。 ⑨IV级及以上软弱围岩地段跨度不小于18m的特大跨度隧道。 ⑩连拱隧道。 ⑪中夹岩柱小于1倍隧道开挖跨度的小净距隧道。 ⑫长度大于100m的偏压棚洞。 ⑬高瓦斯或瓦斯突出隧道。 ⑭水下隧道

1.7 施工组织设计

作业要点	隧道施工前，应编制施工组织设计方案，并做好施工准备和组织落实工作。编制时，应根据隧道长度、跨度、工期、地质和自然条件、重点及难点工程、施工方法、施工进度等因素，配备适宜、充足的施工机械，组织均衡生产提高生产效率。宜包含但不限于下列内容： （1）编制依据：承建项目的合同、批准的设计文件、国家和行业现行的标准规范规程、环境保护及法律法规要求等。 （2）编制原则： ①满足指导性施工组织设计的要求。 ②技术经济方案比选最优。 ③积极应用新技术、新工艺、新材料、新设备。 ④因地制宜，就地取材。 ⑤根据工程特点、工期要求，合理安排施工工序流程及衔接。 ⑥加强机械化施工能力，加快工程进度，确保工程质量。 ⑦符合国家关于工程质量、安全生产、职业健康、土地管理及环境保护的法律、法规规定。 （3）工程概况：工程简介、工程特点、重难点。 （4）重难点施工方案：施工方法及工艺、关键工序的作业实施细则、监控量测、超前地质预报、施工通风以及供水、供电设计等。 （5）施工总平面布置：生产生活区及设施、施工便道、混凝土拌和站、构件及钢筋加工场、弃渣场地、供电、供水、供风、通信等临时工程。 （6）工期安排：总进度、施工形象进度、施工网络图等。 （7）施工单位组织机构及资源配置：组织机构、机械设备配置、工区划分及管理、劳动力配置、材料供应、资金使用计划、文明施工等。 （8）安全、质量、进度、成本及环水保目标和保证措施。 （9）超前地质预报、监控量测、施工作业面、施工过程、有害气体、原材料、（半）成品的信息收集、流转和处置。 （10）安全管理和安全保证体系的组织机构，包括项目经理、专职安全管理人员、特种作业人员配备的数量，以及安全资格培训持证上岗情况。 （11）施工安全生产责任制、安全管理规章制度、安全操作规程。 （12）安全防护用具的配备，安全技术措施费用的使用计划。 （13）施工现场临时用电方案的安全技术措施和电气防火措施。

续上表

作业要点	（14）针对重点部位和重点环节制订的工程项目危险源监控措施和应急预案。 （15）发生自然灾害、紧急情况时的应急预案。 （16）施工人员安全教育计划、安全交底安排。 （17）创优规划、科技研发规划

1.8　洞口场地布置

作业要点	（1）场地布置应遵循因地制宜、统一规划、安全方便、节地环保的原则，并根据现场实际及需要设置，包括施工设备及车辆停放区、绿化区、洗车区及污水净化区、宣传宣讲区、值班室、监控室、门禁区、办公区、生活区等。 （2）洞口场地及便道必须进行硬化，场地周边应有防治边坡失稳、崩塌、落石危害的措施。 （3）洞口宣传牌应包括进洞须知、工程简介、施工总平面布置图、安全保证体系、质量保证体系、环保水土保持体系、隧道形象进度图（可室内布置）、施工安全标志牌等内容。 （4）隧道洞口应设置专人负责进出人员登记及材料、设备进出隧道记录，并做好安全监管工作。长、特长、风险等级在高度及以上的隧道施工应设置稳定可靠的视频监控系统、门禁系统及人员定位识别系统
参考图片	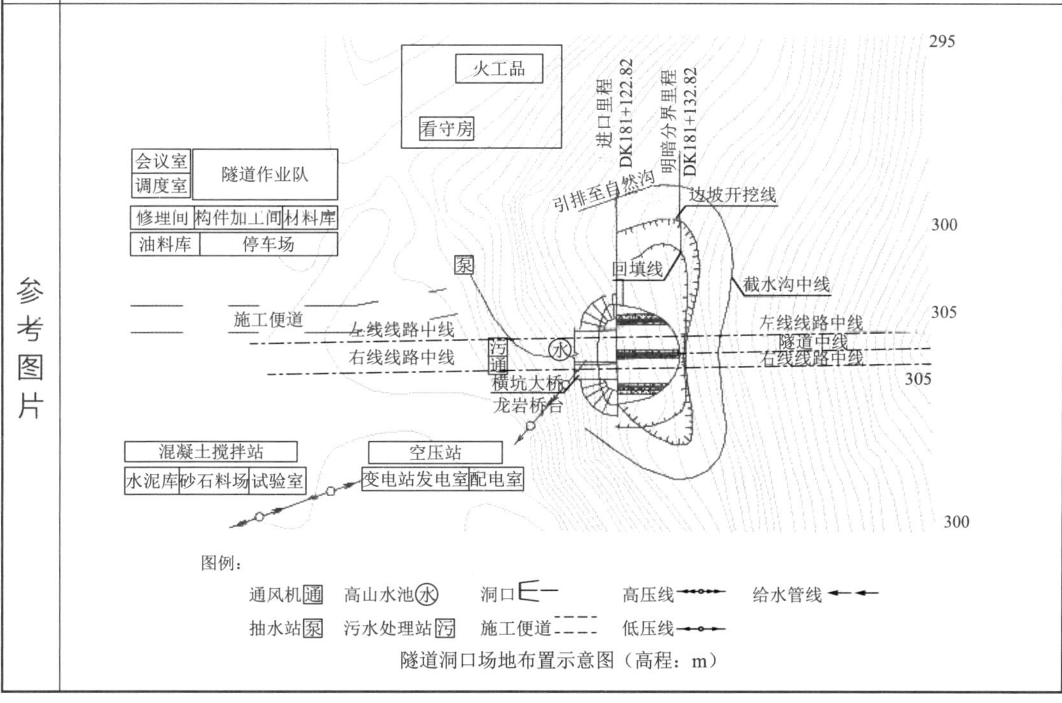 隧道洞口场地布置示意图（高程：m）

1.9 临时工程

1.9.1 施工便道

作业要点	（1）遵从安全、经济、适用原则，考虑永临结合，根据地形、地质、通行车辆类型及数量、使用时间长短等情况确定便道宽度、最小曲线半径、行车速度等关键指标，须满足大型设备、材料及出渣运输需要。 （2）对于使用时间超过一年的山区便道，应由有资质或有业绩的单位进行设计。对于使用时间超过三年的便道，应采用混凝土或沥青碎石面层。 （3）在地形陡峭、狭窄地段根据需要设置防落石、防坠落设施。在临近河道、沟谷、悬崖侧应设置防撞墩、防撞柱等防护措施。在经过水沟地段，应埋置混凝土圆管或设置过水路面，做到排水畅通。 （4）便道应设置必要的标志标牌。路口应设置限速标志，与建筑物、城市道路等转角、视线不良地段应设置广角反光镜；跨越（临近）道路施工应设置警告标志；道路危险段应设置“危险地段，注意安全”警告标牌。 （5）应组织专业队伍统一进行施工及日常检查、养护、维修。便道必须经验收合格后，方可正式使用。 （6）应设置安全巡视小组，定期巡视便道两侧边坡安全情况，尤其对暴雨、地震、季节变换等特殊情况予以关注，及时发现并消除山体滑坡、危石等风险隐患
参考图片	 隧道施工便道

1.9.2 办公区

<table>
<tr><td>作业要点</td><td>（1）办公区选址应便于开展工作、面积适用、功能齐全，具有便利的交通条件和通电、通水、通信条件，并提前规避各类自然灾害和安全风险。
（2）办公区应满足安全、卫生、通风等要求，如搭建活动板房，则其建筑构件的耐火等级应为A级。
（3）办公区应合理绿化、硬化，并设专人维护。办公区设宣传栏、生产计划栏等图牌。
（4）办公区应包含办公室、会议室、资料室等，现场办公室内岗位职责、相关制度图表上墙。
（5）办公区应注重安全和环境保护，设置固定的垃圾处理点，配备必要的消防器材，雷电多发区应有防雷电设施。
（6）设置污水处理设备，按规定排放</td></tr>
<tr><td>参考图片</td><td>
办公区活动板房

办公室内景</td></tr>
</table>

1.9.3 工地试验室

作业要点	（1）试验室应为独立的场地，封闭管理，规划合理，各试验室内部应悬挂部室工作职责、规章制度和操作规程。 （2）试验室应设有养护室、样品室、现场检测室等功能室，具备砂石、水泥、外加剂、锚杆、钢筋、防水材料等原材料取样存放，焊接件、机械连接件等半成品试件的取样存放，喷射混凝土大板、衬砌混凝土试块存放养护等功能，并及时进行试验或送至项目部试验室进行试验检测。 （3）试验室应配置锚杆拉拔检测、混凝土坍落度检测、初期支护脱空检测、衬砌厚度及外观检测、结构物尺寸检测、温（湿）度检测、涌水检测、瓦斯检测等仪器设备，并按相关规定及时标定校准，以满足现场质量检查要求。 （4）试验检测人员应具备相应资质，熟悉现场，人员数量应满足现场24h工作需求。 （5）腐蚀性、放射性物品应安全存放，专人保管。废品废料废液应有收集设施，并及时清运至指定位置进行处理。消防设施存放处应设置提示标识
参考图片	 工地试验室

1.9.4 拌和站（厂）

作业要点	（1）拌和站（厂）应按照“工厂化、集中化、专业化、配送化”原则进行标准化建设和生产管理，建设验收合格后方能开始生产。 （2）拌和站（厂）须设平面布置图、原材料标识牌、拌和站（厂）操作规程等标识标牌。

续上表

作业要点	（3）拌和站（厂）应设置砂石料存放区、混凝土拌和区等，并应采取混凝土硬化处理，确保厂区内外排水系统运行良好。 （4）砂石料应分仓存放，料仓顶部及周围三面封闭，满足雨天防淋及冬期保温要求。 （5）外加剂罐应设置循环搅拌泵，并注意遮光、保暖。 （6）拌和站（厂）内应设置完备的防火设施，配电设施应有完备的防护措施，并设置警示标识。 （7）实行封闭式管理，并满足信息化管理要求。 （8）设置污水处理设备，按规定排放
参考图片	 混凝土拌和站

1.9.5 钢筋加工厂

作业要点	（1）钢筋加工厂场地应合理选择设置地点，宜采用集中加工布置方式，减少二次搬运，做到加工与施工互不干扰。 （2）钢筋加工厂应按照工业厂房的标准进行设计验算，确保整体结构稳定、安全。厂内吊装宜采用门式起重机，安装前须根据实际使用情况进行相关受力验算，安装完毕验收合格后方可使用。 （3）应设置型钢钢架、格栅钢架、钢筋网片、管棚及导管、锚杆等各类型的原材料存放区、加工区及半成品存放区，各分区应科学设置，功能明确，标识清晰。

续上表

作业要点	（4）厂内运输通道、人行通道及生产区之间设置隔离措施，确保互不干扰。厂内布线采用暗线形式，生产区不得有明线，确保施工安全。 （5）场地醒目位置应设置加工厂简介牌、加工厂平面布置图、安全生产牌、消防保卫牌、质量保证牌、文明施工牌、危险源告知牌、质量安全领导小组牌、管理人员名单及监督电话牌。 （6）厂内所有机械设备应设置标识牌，明确设备型号及相关责任人。 （7）钢架大样图应设置在加工区醒目位置，现场应有钢架试拼区
参考图片	 钢筋加工厂

1.9.6 弃渣场

作业要点	（1）弃渣场规划和施工应考虑安全、环水保，应设置安全警示和环境保护标志等。 （2）弃渣场必须先挡后弃。 （3）所有弃渣堆顶面及坡脚处，或与原地面衔接处均应修筑永久排水设施和其他必要的防护工程，以确保地表径流不致冲蚀弃渣堆。 （4）应注意弃渣场挡护和弃渣之间的协调匹配，并做好防排水、防渗、复耕、绿化等配套工程

续上表

参考图片	 弃渣场挡护  弃渣场排水  弃渣场绿化

1.9.7 炸药库/火工品库

作业要点	（1）临时炸药库应符合耐火防爆等级要求，室内设备良好，库房设置防雷保护。堆放间隔符合要求，消防通道通畅。值班室与库房设置防火墙。远离人员集聚区。安装监控设备，进行24h不间断监控。 （2）火工品库应指定专人管理、看护，严禁无关人员进入仓库区内，严禁在仓库区内吸烟和用火，严禁把其他容易引起燃烧、爆炸的物品带入仓库区内，严禁在库房内住宿或进行其他活动。 （3）建立健全火工用品管理制度，严格火工用品采购、储存、领取、使用和退库各个环节的管理和操作，做到全程监控，全程把关。 （4）定期核定火工品库库容量，库内储存的民用爆炸物品数量不得超过储存设计容量，对性质相抵触的民用爆炸物品须分库储存，严禁在库房内存放其他物品。 （5）炸药库建设和管理应符合《民用爆炸物品安全管理条例》要求。应向当地公安机关进行申请报备，经当地公安机关验收后，方可启用
参考图片	 炸药库 / 火工品库

1.10 施工人员

1.10.1 施工人员配置原则

配置原则	（1）应根据隧道规模、工期和技术难度配备相应的管理、技术、测量、试验、地质、环水保、专职质量检查和安全管理人员。 （2）隧道施工的开挖、运输、支护、衬砌等作业均应安排专业化队伍进行施工，人员数量应满足施工需要。

续上表

<table>
<tr><td>配置原则</td><td>（3）隧道施工作业人员应经培训和技术交底并考核合格后方可上岗。项目经理、专职安全管理人员应持证上岗。特种作业人员必须持有特种作业操作证。
（4）隧道施工作业设备应配置专业管理人员。
（5）隧道洞口宜设置人员对进出洞人员、设备进行管理。
（6）施工单位应当依法建立应急救援队伍</td></tr>
<tr><td>参考图片</td><td>

安全员

测量员</td></tr>
</table>

续上表

参考图片	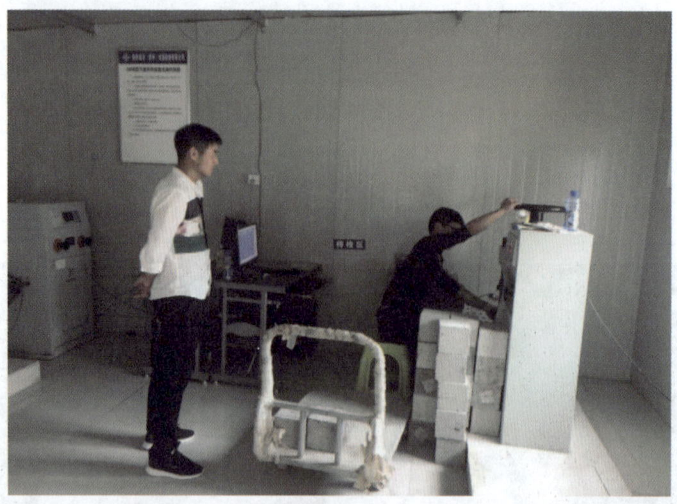 试验员  质检员  电工

续上表

参考图片	 电焊工  普工

1.10.2 施工人员配置推荐标准

施工人员配置推荐表

类　　型	岗位/工种类型	持 证 要 求
管理人员	项目经理、副经理、总工程师	建造师资格证
技术人员	隧道工程师、测量工程师、地质工程师、通风工程师（特长隧道或瓦斯隧道）	相关专业工程师职称证、测量员证
特种人员	爆破工、电工、电焊工、试验人员、瓦检员（瓦斯隧道）、通风员（特长隧道或瓦斯隧道）	爆破证、电工证、钳工证、检测员证等
工　　人	普工、驾驶员、门卫	驾驶证等

注：人员配置因不同工法、机械化程度、施工组织模式等的差异而有所不同，建议根据实际情况灵活配置。

人员外观区分推荐表

人员类型		安全帽颜色	徽章颜色	徽章文字
建设方		白色	白色	沿江高速
设计院		黄色	黄色	交通院、公路院
监理		蓝色	蓝色	监理
检测		红色	红色	检测
来访人员		白色	白色	嘉宾
施工	管理、技术人员	红色	红色	项目经理、项目副经理、总工程师、安质部、工程部、隧道工程师、测量工程师、地质工程师、通风工程师等
	工人	黄色	黄色	普工、驾驶员、门卫等

为各类人员设计定制相应的徽章，徽章分为胸章、臂章和肩章，利用魔术贴固定于工作服上，特殊人员（如安全员）佩戴红色袖章。

胸章　　臂章　　肩章

袖章

1.11 施工设备

1.11.1 机械设备选型配套原则

<table>
<tr><td>配置原则</td><td>（1）遵循“分级配套、性能先进、配套合理、着重工效、节能环保”的原则，应用先进技术装备，提高隧道施工机械化水平，促进工程建设本质安全与品质提升。
（2）机械设备及设施选型应根据隧道工程规模、围岩条件、施工方法、工期要求等因素综合比选确定，科学组合，合理配套。一般要求：
①开挖能力大于施工要求能力。
②装渣能力大于开挖能力。
③运输能力大于装渣能力。
（3）设备配置宜规格统一、通用性强，设备配置的富余系数不宜过大（一般大于1.2），以避免造成部分设备能力的浪费。
（4）超前支护。
①超前大管棚、超前小导管施工宜选用钻孔、注浆一体的多功能快速钻机。当注浆设备单独配置时，其性能应符合注浆工艺技术要求。
②砂浆锚杆施工应配备专用砂浆注浆泵。
（5）洞身开挖。
①土质及软弱围岩地段宜采用机械开挖。机械开挖的设备主要有铣挖机、单臂凿岩机、挖掘机等，根据地质条件、断面大小配套使用。
②岩质钻爆开挖，分部法开挖宜采用气腿式凿岩机。台阶法开挖断面空间具备条件时，宜采用多臂凿岩台车。全断面开挖应采用液压多臂凿岩台车。
（6）出渣与运输。
①装渣可选择挖掘机、侧翻装载机等常规设备。宜配备大功率、大容量、性能先进、排污量低的装运机械设备。大断面隧道宜采用两台装载机联合作业以提高装渣效率。
②当采用无轨运输方式时，柴油自卸汽车额定载重不应小于15t，车辆排放应符合要求，并装配尾气净化装置。
（7）初期支护。
①小断面或短隧道可采用喷射能力为5~15m³/h的中小型混凝土湿喷机，大断面或长大隧道应选用喷射能力为15~30m³/h的大型混凝土湿喷作业台车。
②锚杆钻孔应采用专用锚杆钻机，中空注浆锚杆应选用钻孔、注浆一体化设备。</td></tr>
</table>

续上表

配置原则	③大断面隧道拱架安装宜采用多功能机械臂作业台车。 （8）仰拱及仰拱填充。 应采用自行式液压仰拱栈桥，栈桥长度应根据仰拱分段浇筑长度、荷载等因素确定。 （9）防排水。 ①隧道土工布及防水板铺设宜选用自动铺挂一体机。 ②热熔垫片布设宜采用激光定位仪辅助定位。 ③防水板与热熔垫片焊接应采用超声波焊机。 ④防水板搭接应采用自动爬行焊机。 ⑤止水带安装应采用专用定位卡具，焊接应采用热熔焊接机。 （10）衬砌。 ①衬砌钢筋安装应采用钢筋定位卡具。 ②混凝土浇筑宜采用轨行式全断面钢模板台车。台车设计应充分考虑通风管道、混凝土分流槽等设施布置空间需求。 ③模板台车应设置组合钢端模，配备环向中埋式止水带定位固定装置。 ④混凝土料斗、分流槽及拱顶注浆装置应与台车一次加工安装到位。 ⑤衬砌混凝土养生应采用自动喷淋养护台架或雾炮机。 ⑥输送泵宜选用混凝土输送均匀、不易产生停顿的输送泵。 （11）附属设施。 ①小型预留洞室应采用定型钢模板。 ②车行横洞及长大隧道人行横洞必须采用钢模板台车。 ③水沟电缆槽混凝土浇筑宜采用整体式移动模架。 （12）通风除尘。 ①根据通风方案，选择合理的风机类型，宜选用节能低噪型多级变频风机，风机功率应根据需风量计算确定。 ②应配置洞内除尘设备，改善施工作业环境。 ③洞内环境监测应选用粉尘检测仪、瓦斯测定仪、气体检测仪等设备。 （13）其他设备。 ①变压器宜选用空气制冷、减振良好、安全性高的箱式变压器。 ②空气压缩机（空压机）宜选用螺杆式。 ③洞内反坡、斜井、竖井排水抽水设备功率应大于所需功率的20%，并备用抽水设备。 ④宜配置小型升降作业车，用于临时工程维护和衬砌局部修补

续上表

参考图片	
参考图片	 箱式变压器  螺杆式空压机  升降作业车  隧道凿岩台车

续上表

参考图片	 隧道湿喷机械手

1.11.2 机械配置推荐标准

机械化配置推荐表

序号	施工工序	主要设备名称	机械化配套方案			备注
			高度	中度	基本	
1	洞身开挖	多臂凿岩台车	2台			
2		电动空压机		1组	1组	
3		气腿式凿岩机		30台	30台	
4		多功能作业台架		1台	1台	
5	出渣与运输	装载机	2台	2台	2台	
6		自卸汽车	6～12台			
7	初期支护	锚杆钻注一体机	1台			
8		锚杆钻机		1台	1台	
9		拱架安装台车	1台	1台		
10		简易作业台架			1台	
11		湿喷机械手	1台	1台		
12		小型湿喷机			1台	
13		混凝土搅拌输送车	1台	1台	1台	
14	仰拱	自行式液压仰拱栈桥	1台	1台		
15		简易栈桥			1套	
16	防排水	自动铺挂一体机	1台			
17		挂布台车		1台	1台	

续上表

序号	施工工序	主要设备名称	机械化配套方案			备注
			高度	中度	基本	
18	衬砌	智能化衬砌台车	1台	1台	1台	
19		混凝土输送泵	1台	1台	1台	
20		喷淋养护台车	1台	1台	1台	
21	辅助工程	多功能快速钻机	1台			
22		普通地质钻机		1台	1台	
23		注浆机	1台	1台	1台	
24	附属工程	水沟电缆沟整体式移动模架	1套	1套		
25		水沟电缆沟组合钢模板			1套	
26		横洞钢模板台车	1台			
27		横洞组合钢模板		1批	1批	

注：1. 洞身开挖设备按围岩级别选型配置。

2. 瓦斯隧道按照相关要求进行设备配套（详见15.6节）。

1.12 施工材料

作业要点

（1）隧道施工前，应做好水泥、砂石料、钢筋（材）、外加剂等材料的招标订购工作，并根据施工进度计划，制订材料供应计划。

（2）材料采购应严格按材料招投标程序进行。

（3）材料进场前，应严格按批次和规定频率进行试验、检测（含取样送检），检验合格后方可进入现场。

（4）材料应分区、分类、定点存放，标识齐全，防止污染

参考图片

材料堆放

1.13 风、水、电供应

1.13.1 施工供风

作业要点	（1）空气压缩机（简称“空压机”）站应有防水、降温和防雷击设施。长隧道及特长隧道可将空压机布设在洞内适当位置。独头掘进长度大于1500m时，宜采用非轮胎移动式空压机供风。 （2）空压机应能满足同时工作的各种风动机具最大耗风量和风压的要求，隧道掌子面使用风压应不小于0.5MPa。 （3）高压风宜采用大直径输送管输送，通过台车时应尽量避免缩径和转弯。 （4）洞内高压风管不宜与电缆电线敷设在同一侧。 （5）在空压机站总输出管上应设总闸阀，主管上每隔300~500m应分装闸阀，应保持闸阀内径与高压风管内径一致。 （6）高压风管长度大于500m、洞内外温差较大时，应在管路最低处设置油水分离器，定时放出管中的积油和水。 （7）洞外地段，当高压风管长度超过100m且温度变化较大时，宜安装伸缩器；靠近空压机150m以内，风管宜采用抱箍式接头并用石棉衬垫。 （8）高压风管前端至开挖面宜保持30m距离，并用高压软管连接分风器，通向上导坑开挖面使用的软管长度不宜大于50m。分风器与凿岩机间连接的胶皮管，长度不宜大于15m。应加强对风管的保护，避免爆破飞石的损坏。 （9）空压机移动位置前，应切断电源，停止工作时，应先关闭负荷，再停机
参考图片	 动力风管上墙安装

1.13.2 施工供水

作业要点	（1）隧道工作面供水压力不应小于0.3MPa。 （2）洞内供水管不宜与电缆电线敷设在同一侧，宜设在平行导洞（简称“平导”）、斜井交叉口对侧。 （3）在水池总输出管上应设总闸阀；主管上每隔300~500m应分装闸阀，应保持闸阀内径与水管内径一致。 （4）超长水管宜采用前端大管径后端常规直径的形式，通过台车时应尽量避免缩径和转弯。 （5）供水管在安装前应进行检查，有裂纹、创伤、凹陷等现象时不得使用，管内不应保留有残余物和其他脏物。 （6）管路应敷设牢固、平顺，接头严密，不漏水。 （7）洞内水管前端至开挖面宜保持30m，并用高压软管连接分水器。洞内软管的长度不宜大于50m；分水器与凿岩机间连接的胶皮管，长度不宜大于15m。应采取措施，避免爆破飞石损坏水管
参考图片	 施工用供水管上墙

1.13.3 施工供电

作业要点	（1）线路末端电压降满足要求时，变压器应设置在洞外，再低压进洞。洞外变电站宜设在靠近负荷集中地点的电源来线一侧。 （2）洞内变电站宜设置在干燥的紧急停车带或不使用的横通道内，相邻变电站之间的距离宜不超过1000m，变压器与周围洞壁的最小距离不应小于300mm；应采用井下高压配电装置或相同电压等级的油开关柜，不应使用跌落式熔断器；变电站应有防尘措施。 （3）成洞地段宜采用“3+2供电制”，固定的供电线路应采用绝缘良好的胶皮线架设。施工地段的临时电线路应采用橡套电缆，竖井、斜井宜使用铠装电缆。

续上表

<table>
<tr><td>作业要点</td><td>富水隧道中注意供电线路接头防水。
（4）涌水隧道斜井、竖井电动排水设备的电气装置应采用双电源供电，有可靠的切换装置和防水措施。
（5）动力干线上的每一分支线，必须装设开关及保险装置。不应在动力线路上加挂照明设施。
（6）电线不得与人行道布置在同一侧。照明线路和动力线路安装在同一侧时，应分层架设。电线悬挂高度应满足：400V以下不应小于2.5m，6~10kV不应小于3.5m。瓦斯地段的电缆应沿侧壁铺设，不得悬空架设。
（7）36V低压变压器应设在安全、干燥处，机壳接地，输电线路长度不应大于100m。
（8）瓦斯隧道供电应做专项要求（详见15.6.4节）</td></tr>
<tr><td>参考图片</td><td>
隧道施工供电电缆上墙（3+2 供电制）（一）

隧道施工供电电缆上墙（3+2 供电制）（二）</td></tr>
</table>

1.13.4 施工照明

<table>
<tr>
<td>作业要点</td>
<td>（1）隧道施工作业地段应有充足的照明，开挖面、作业区段照度不应小于50 lx（灰岩地段宜为60 lx，泥岩地段宜为80 lx），一般地段照度不宜小于30 lx。
（2）在主要交通道路、洞内抽水机站或竖井等重要处所，应有安全照明设施。曲线地段和洞室拐弯处应增加照明设施数量。其他不安全因素较大地段宜加大光照度。
（3）漏水地段、开挖面附近照明应采用防水灯头和灯罩。
（4）隧道施工不应采用白炽灯照明。可采用发光二极管（LED）灯等节能光源照明。掌子面开挖宜采用集中式照明，不宜使用发热量过大的灯具。
（5）非瓦斯隧道固定式照明设施电压应不大于220V，线路末端的电压降不应大于10%。手持式或移动式照明设施电压应不大于36V。
（6）洞内每隔50~100m应设置应急照明灯。
（7）瓦斯隧道照明应做专项要求（详见15.6.2节）</td>
</tr>
<tr>
<td>参考图片</td>
<td>
隧道施工照明

台车集中照明</td>
</tr>
</table>

1.13.5 洞内通信

<table>
<tr><td>作业要点</td><td>（1）隧道内通信必须畅通，以减少安全事故、提高工作效率。
（2）隧道内应采用通信信号和数字信号，且两者独立运行。
（3）隧道内信号宜以视觉信号为主，声音信号为辅。
（4）瓦斯隧道内应采用防爆型电话通信</td></tr>
<tr><td>参考图片</td><td>隧道施工通信

衬砌台车视觉信号标识</td></tr>
</table>

2 洞口与明洞工程

2.1 洞口截排水沟

作业要点

（1）洞口截排水设施应在雨季和融雪期之前完成。

（2）截水沟应采取防止渗漏和适应变形的措施。

（3）截水沟上游应与原地面衔接紧密或略低于原地面，回填应密实，不宜被水掏空；下游应妥善引入排水系统，不应冲刷路基坡面及桥涵锥坡等设施。

（4）洞口边仰坡可能发生较大变形时，截排水沟宜两次成沟，先采用薄壁抹面形式排水，待洞门完成后最终成沟，截排水沟宜每10m左右设置沉降缝。

（5）反坡施工洞口，施工期间洞口应设渗水盲沟，并将两侧排水沟与洞口部位设浆砌片石隔墙和洞外隔离。

（6）对不利于施工及运营安全的地表径流、坑洞、漏斗、陷穴、裂缝等，应采取封闭、引排、截流等工程措施

参考图片

洞口截排水沟开挖

洞口截排水沟浇筑

洞口截排水沟效果

2.2 洞口边仰坡

<table>
<tr><td>作业要点</td><td>

（1）可能滑塌的表土、松动危石应在开工前清除干净，应自上而下开挖，开挖一级，防护一级，不得掏底或上下重叠开挖。

（2）边仰坡上方不得堆置废弃的土石方。

（3）边坡施工过程中应监测边坡和仰坡的变形状态，密切关注裂缝情况，重视坡脚的稳定性，必要时采取注浆、抗滑桩等加固措施。

（4）洞口边仰坡开挖成型后，为防止地表水渗入开挖面，保证洞口坡体的稳定性，应及时进行防护。

（5）坡体含水率较高或有地下水，坡面渗漏水较多时，应增设泄水孔或平孔排水。

（6）镶嵌状结构边坡可采用钎钉钢筋网喷射混凝土加固，松散状结构边坡可采用“锚杆+钢筋网+喷射混凝土”加固。

（7）洞口帽檐界面的裂缝宜采用喷射混凝土封闭

</td></tr>
<tr><td>参考图片</td><td>

洞口边仰坡施工

洞口边仰坡防护

</td></tr>
</table>

2.3 洞口管棚

<table>
<tr><td>作业要点</td><td>（1）先施作导向墙，其纵向长度不应小于2m、厚度应不小于0.8m，并应有足够的强度和刚度，导向墙基础应置于稳定地基上。
（2）管棚钻孔不应侵入开挖范围，相邻的钻孔不得相撞和立交。
（3）成孔困难时，可采用复式成孔或跟管钻进施工。
（4）管棚应跳孔实施，先实施的管棚注浆凝固后，方可施工相邻管棚。
（5）管棚注浆宜采用非收缩浆液，注浆密实饱满。
（6）接长管棚钢管时，节段长度不宜小于2m，相邻钢管接头应在隧道横断面上错开，各节段间应采用丝扣连接或套管焊接连接。
（7）松散破碎地段洞口，除做好管棚外，还应加强初期支护背后回填（每两个初期支护循环宜施作一次），确保钢架节点板连接有效，适当扩大上台阶拱脚</td></tr>
<tr><td>参考图片</td><td>
导向墙施工

洞口管棚</td></tr>
</table>

2.4 洞门工程

作业要点	（1）洞门墙基底虚渣、杂物、泥、水等应清除干净，地基承载力应符合设计规定。 （2）砌体施工过程中应及时按设计布置泄水孔，对个别出水点要及时将水引出，并做好墙背后反滤层、排水盲沟等。 （3）洞门端墙应与隧道衬砌紧密相连。洞门端墙的砌筑（或浇筑）与墙背回填，应两侧对称同时进行，防止对衬砌产生偏压。 （4）洞门建筑完成后，洞门以上仰坡坡脚如有损坏，应及时修补，确保坡顶以上的截水沟、墙顶排水沟及路堑排水系统完好、连通。 （5）洞门高大混凝土施工模板稳定性应满足相关规范要求
参考图片	 隧道端墙式洞门施工效果  洞门及造型

2.5 明洞衬砌

<table>
<tr><td>作业要点</td><td>（1）明洞基底承载力应满足要求。
（2）明洞衬砌浇筑拱圈混凝土应连续进行，不得中断，并应采取防雨措施。
（3）起拱线以下暗挖时，应在护拱混凝土达到设计强度后进行。
（4）不设仰拱的明洞衬砌边墙基础嵌入岩层深度应满足相关规范要求。
（5）软弱破碎地段明洞，拱墙衬砌与底板的施工缝、沉降缝宜对齐。明洞变形缝应按设计要求进行塞封，并加强防水措施</td></tr>
<tr><td>参考图片</td><td>
明洞模板安装

明洞钢筋绑扎

明洞衬砌施工成型</td></tr>
</table>

2.6 明洞防水层

<table>
<tr><td>作业要点</td><td>（1）明洞外模拆除后应及时施作防水层及排水盲管。
（2）明洞防水层铺设前，应检查拱墙背面混凝土表面是否平整圆顺，必要时可用砂浆抹平；还应检查并清除拱墙背面露出的尖锐突出物，不得有钢筋露出和其他尖锐物。
（3）防水材料无破损、无折皱，焊接无脱焊、漏焊、假焊、焊焦、焊穿，粘接无脱粘、漏粘。
（4）明洞外侧和隧道的防水层及排水盲管应顺接且排水通畅，设置完成后方可填土施工，并确保出水口通畅</td></tr>
<tr><td>参考图片</td><td>
明洞表面处理

明洞防水层施工</td></tr>
</table>

2.7 明洞回填

<table>
<tr><td>作业要点</td><td>（1）明洞回填施工应遵循对称均衡原则。单侧设有反压墙的，应在反压墙施工完成后进行。
（2）明洞回填应对称分层夯实，分层厚度不宜大于0.3m，两侧回填高差不应大于0.5m。
（3）明洞两侧回填水平宽度小于1.2m的范围应按设计要求回填，并确保回填密实。
（4）明洞回填时，应采取防止损伤防水层的措施。
（5）人工回填时，拱圈混凝土强度应不小于设计强度的75%，拱顶中心回填高度达到0.7m以上方可拆除模板或支架；机械回填时，拱圈混凝土强度应不小于设计强度，且在拱圈外人工夯填厚度不小于2.0m后进行，回填土石全部完成后方可拆除模板或支架。
（6）回填至顶部时按设计厚度和坡率施工黏土隔水层，明洞黏土隔水层应与边坡、仰坡搭接良好，封闭紧密，回填坡面不应积水。
（7）隧道明洞回填、洞门施工完成后，应及时做好洞口边仰坡的地表恢复，应符合环境保护要求，做好水土保持</td></tr>
<tr><td>参考图片</td><td>
明洞两侧回填

明洞分层回填</td></tr>
</table>

3 施工测量

3.1 控制测量

作业要点	（1）控制测量桩点应稳固、可靠。高程控制点可利用稳固坚硬的基岩刻凿，如无稳固坚硬的基岩可以利用，应埋设有金属标志的混凝土桩。 （2）测量工作中的各项计算，均应分两组独立进行。计算过程中应及时校核，发现问题应及时检查，并找出原因。 （3）每个洞口和井口平面控制测量点应不少于3个，高程控制测量点应不少于2个。 （4）洞外控制网应与线路控制网联测，且洞外高程控制测量应从隧道一端的线路水准基点联测至另一端的线路水准基点。 （5）洞外导线控制测量应符合下列规定： ①导线网应布设成多边形闭合环，每个导线环由4~6条边构成。 ②导线边长应根据隧道长度和辅助坑道的数量及分布情况，结合地形条件和仪器测程确定，宜采用长边。 ③控制网观测应在成像清晰、稳定的时段进行。地形和地面条件复杂，旁折光影响较大的地方，应选择最有利的时段观测。 （6）洞内导线的布设应符合下列规定： ①导线点应布设在施工干扰小、稳固可靠、便于设站的地方，点间视线应远离洞内设施0.2m以上。 ②洞内导线应布设成多边形闭合环。长、特长隧道宜布设成交叉双导线，增加控制网的内部检核条件。 ③洞内导线应联测开挖面附近临时中线点。 （7）隧道掘进长度大于2倍设计导线边长时，应进行一次洞内平面控制测量。洞内平面控制测量完成后，应根据控制测量成果及时纠正施工中线。 （8）洞内高程控制测量应采用水准测量往返观测。高程控制点宜每隔200~500m设置一对。 （9）洞内转点宜设护桩
参考图片	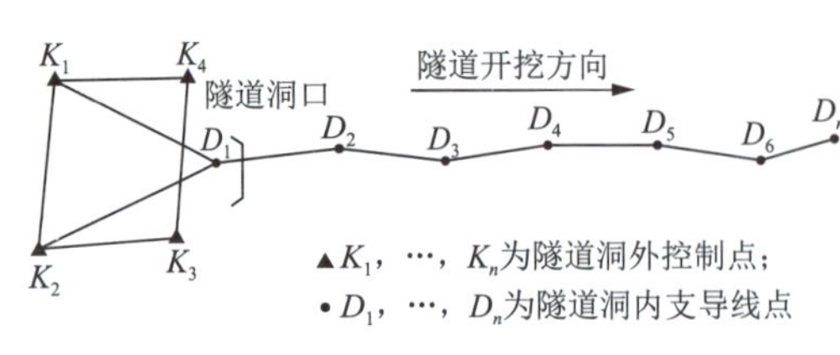 洞内导线测量示意图  洞内施工控制测量

3.2 施工测量

<table>
<tr><td>作业要点</td><td>（1）用中线法进行洞内测量的隧道，中线点点位横向偏差不得大于5mm。中线点间距曲线部分不宜小于50m，直线部分不宜小于100m。直线地段宜采用正倒镜延伸直线法。
（2）洞内施工用的水准点，应根据洞外、洞内已设定的水准点，按施工需要加设。为施工方便，在导坑内拱部、边墙施工地段宜每100m设立一个临时水准点，并定期复核。
（3）洞内施工中线采用导线控制点测设中线点，一次测设不应少于3个点，并相互检核。
（4）隧道钻爆前应测设开挖断面轮廓线，并应考虑曲线隧道的中线内移值、设计加宽值、施工误差预留值以及围岩预留变形量。
（5）在开挖断面形成后，应及时进行断面测量，根据测量数据修正开挖参数，控制超欠挖。
（6）用于控制衬砌的临时中线点宜每10m加密一点，加密前，应检核现有中线点与洞内导线点间的几何关系。
（7）隧道衬砌施工前，应检测洞内平面永久或临时中线点及高程点，测设衬砌台车控制点，衬砌台车就位后，应依据放样点检查校正，净空断面应符合设计要求</td></tr>
<tr><td>参考图片</td><td>
施工放样测量

中线点标记</td></tr>
</table>

3.3 贯通测量

<table>
<tr><td>作业要点</td><td>（1）贯通误差的测定应符合下列规定：
①采用导线法测量时，在贯通面附近定一临时点，由两端分别测量该点的坐标，所得的闭合差分别投影至贯通面及其垂直方向，得出实际的横向和纵向贯通误差，再将全站仪置于该临时点，测求方位角贯通误差。</td></tr>
</table>

续上表

<table>
<tr><td>作业要点</td><td>②采用中线法测量时，由两端向中间进行测量，并在贯通面上分别得出中线点，量出两点的横向和纵向距离，即为该隧道的实际贯通误差。
③由两端向中间进行水准测量，分别测至贯通面附近的同一高程控制点或中线点上，所测得的高程差值即为实际的高程贯通误差。
（2）隧道贯通后，洞内导线、施工中线及高程的实际贯通误差，应在贯通面两侧未衬砌段调整，该贯通误差调整段的长度应根据中线形式、贯通误差值、支护和衬砌（包括仰拱）施工情况综合确定，宜大于100m，贯通面两侧对称。该段的后续工序均应以调整后的中线及高程为准进行放样。
（3）两端开挖至贯通误差调整地段时，开挖断面宜适当加宽。衬砌在贯通前施工时，贯通误差调整地段开挖断面应加宽。加宽值宜不超过贯通极限误差允许值的一半。
（4）采用导线法测量，贯通误差应符合下列规定：
①方位角贯通误差分配在未衬砌地段的导线角上。
②坐标闭合差在贯通误差调整段的导线上，按边长比例分配。
③采用调整后的导线坐标作为贯通误差调整段的放样依据。
（5）采用中线法测量，贯通误差调整应符合下列规定：
①贯通误差调整段为直线时，宜通过加设曲线来调整线路中线，所加设的曲线参数应符合现行《公路路线设计规范》（JTG D20）规定。
②贯通误差调整段全部位于圆曲线地段时，贯通误差应由曲线的两端向贯通面按长度比例调整中线。
③贯通误差调整段既有直线又有曲线时，宜通过调整曲线偏角和曲线起（终）点位置调整线路中线，符合现行《公路路线设计规范》（JTG D20）规定和隧道净空要求。
（6）高程贯通误差调整应符合下列规定：
①由两端分别引测贯通点附近的高程控制点，采用其平均值作为该点调整后的高程，并作为放样依据。
②按高程贯通误差的一半，分别在贯通面两端未衬砌地段，按水准线路长度的比例调整</td></tr>
<tr><td>参考图片</td><td>
贯通误差测量</td></tr>
</table>

4 超前地质预报

4.1 地质预报工作原则

作业要点	
作业要点	（1）隧道施工必须严格进行超前地质预报工作，做到“先探后掘、有疑必探、不探不掘”。 （2）超前地质预报工作应纳入施工工序进行管理，施工前应编制地质预报方案、实施细则，通过监测结论分析动态管理。 （3）隧道超前地质预报应由具有相关经验的单位实施，实施单位应根据预报方案和合同规定配备专业人员和仪器设备，仪器设备的性能、精度及效率应能满足预报和工期的要求。 （4）根据超前地质综合分析报告发现重大异常地质现象或现场揭示地质情况与原设计地质情况差别较大且对施工安全构成潜在重大威胁时，应立即停止掘进，并填写重大地质异常报告表，及时报告建设单位、设计单位、监理单位，确定或修订下一步超前预报工作和施工方案

4.2 预报方法与内容

作业要点	
作业要点	（1）隧道超前地质预报应以地质分析为基础，运用地质调查与物探相结合、物探与钻探相结合、洞内与洞外相结合、长短探测相结合、超前导洞与主洞探测相结合、地质构造探测与水文探测相结合的综合预报方法，并相互验证。 （2）隧道超前地质预报应包括下列主要内容： ①地层岩性预报，特别是对软弱夹层、破碎地层、煤层及特殊性岩土的岩性预报。 ②地质构造预报，特别是对断层、节理裂隙密集带、褶皱等影响岩体完整性的构造发育情况的预报。 ③不良地质预报，特别是对岩溶、人为坑洞、瓦斯等发育情况的预报。 ④地下水预报，特别是对岩溶管道水以及富水断层、富水褶皱轴、富水地层中的裂隙水等发育情况的预报。 （3）应根据隧道工程地质与水文地质条件和复杂程度、地质因素，对隧道施工影响程度、诱发环境问题程度等，针对不同类型地质问题，选择不同方法和手段，分段、分级进行超前地质预测预报

续上表

参考图片	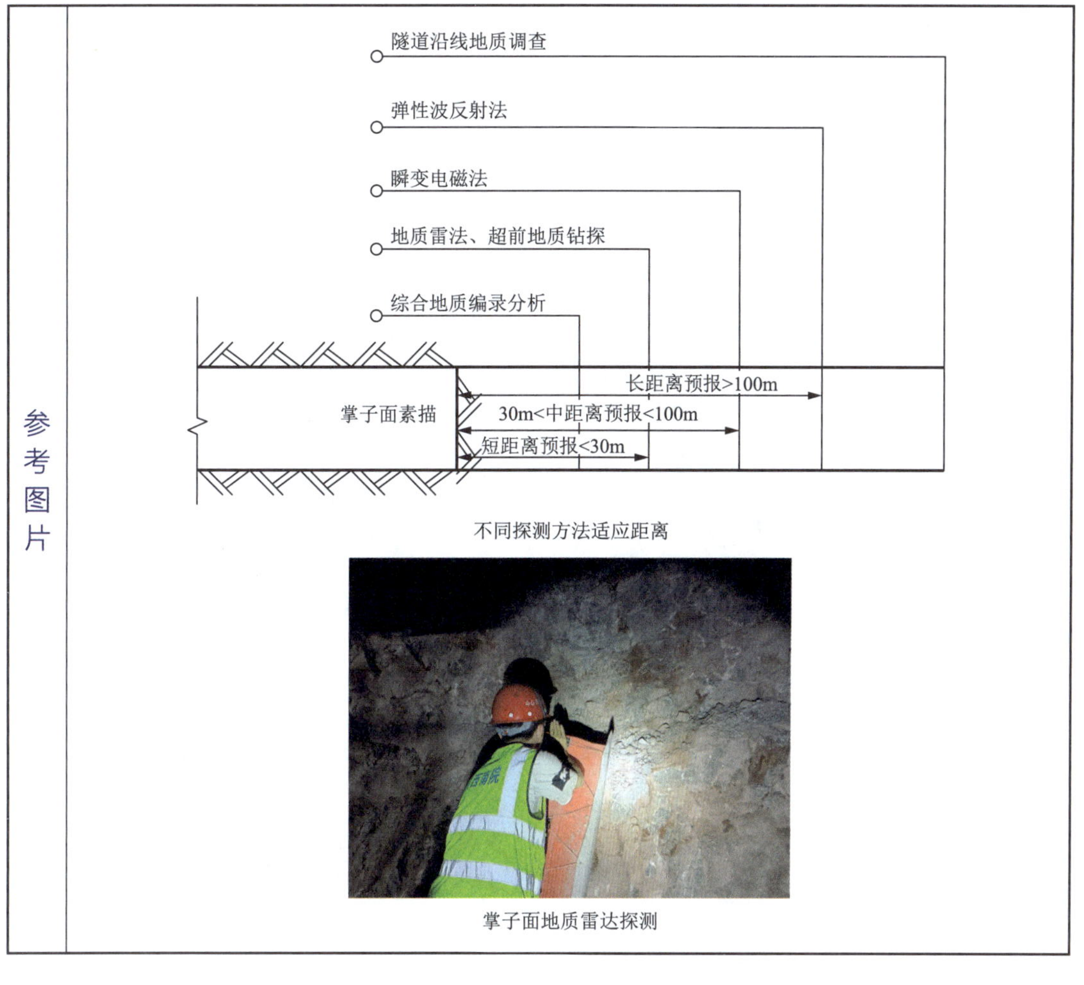 不同探测方法适应距离 掌子面地质雷达探测

4.3　地质调查法

作业要点	（1）地质调查法应包括隧道地表补充地质调查和隧道内地质素描，应开展地层分界线、构造线的地下和地表相关性分析、地质作图等工作。 （2）必要时的地表补充地质调查应在隧道内实施超前地质预报前进行，并在洞内超前地质预报实施过程中根据需要及时补充修正。 （3）隧道内地质素描应包括掌子面地质素描、洞身地质素描（包括底板、边墙、拱顶）。隧道内地质素描应在洞身开挖后超前（初期）支护前进行，确保能观察揭露围岩的真实情况。 （4）隧道开挖爆破后须立即进行地质调查并进行地质素描，一般地段每10m记录一次，地质条件发生变化时，增加频次。

续上表

作业要点	（5）调查工作应包含隧道开挖工作面的工程地质（地层岩性、地质构造、岩溶、特殊地层、人为坑洞、地应力、塌方、有害气体及放射性危险源存在情况等）、水文地质（地下水的分布、出露形态及围岩的透水性、水质分析、出水点与工程地质情况的关系分析等）、围岩稳定性特征及支护情况、隧道施工围岩分级判定、影像等工作，填写地质调查表
参考图片	掌子面拍照素描  掌子面地质调查

4.4 物探法

作业要点	（1）连续预报时，前后两次预报应满足重叠长度：长、中距离预报搭接不小于10m，短距离预报搭接不小于5m。 （2）弹性波反射法可适用于划分地层界线、查找地质构造、探测不良地质体的厚度和范围；弹性波反射法收发点布置应符合方法布点设计规定，不得随意调整收发点位置或减少收发点数量，需钻孔时，应要规定钻孔（位置、孔深、倾角等）。

续上表

<table>
<tr><td>作业要点</td><td>（3）电磁波反射法（地质雷达法）可适用于岩溶、采空区、空洞、断层破碎带、软弱夹层等不均匀地质体的探测。
（4）瞬变电磁法可适用于探查岩溶、洞穴、采空区及地层富水等情况。
（5）弹性波法数据采集时，应减少隧道内其他震源振动产生的地震波、声波干扰，采取压制地震波、声波干扰的措施；电（磁）法数据采集时，探测区域不应有较强的电场干扰；现场探测时应清除或避开测线附近的高电导屏蔽层或大范围的金属构件等干扰物，不能清除或避开时，应在记录中注明，并标记出位置。
（6）地质条件复杂的隧道和存在多种干扰因素的隧道，应根据被探测对象的物性条件开展综合方法探测，并对成果进行综合分析</td></tr>
<tr><td>参考图片</td><td>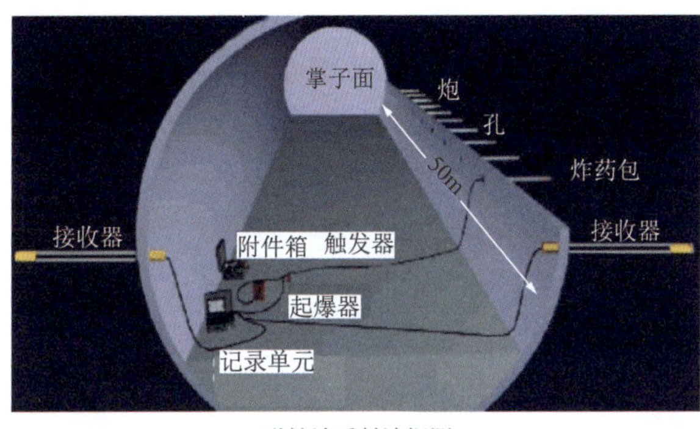

弹性波反射法探测
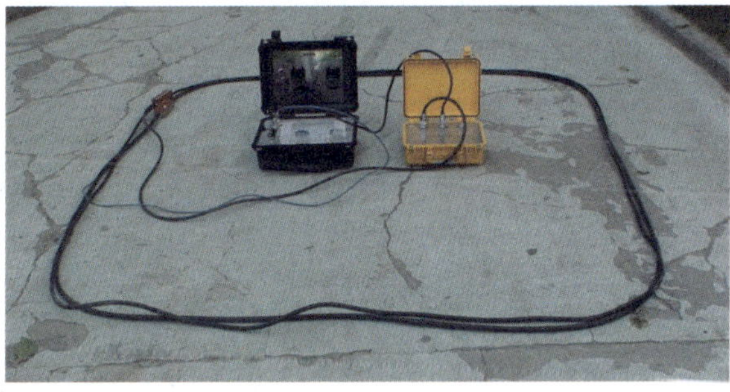
瞬变电磁仪</td></tr>
</table>

4.5　钻　探　法

<table>
<tr><td>作业要点</td><td>（1）超前水平钻探孔数、孔位，应根据隧道断面大小和地质复杂程度确定，并应符合下列规定：
①断层、节理裂隙密集区或其他破碎富水地层应布设1~3个孔。</td></tr>
</table>

续上表

<table>
<tr><td>作业要点</td><td>②富水岩溶发育区每循环宜布设3~5个孔，揭示溶洞边界时宜增加孔数，终孔在隧道开挖轮廓线以外5~8m。
③富水岩溶发育地段宜采用中、长距离超前钻探，并辅以加深炮孔短距离探测。发现异常情况应结合其他探测手段。
④采用取芯钻探的钻孔直径应满足取芯、取样和孔内测试要求。
（2）超前水平钻探，必须一孔到底，先探后掘，有疑必探。富水构造破碎带、富水岩溶发育地段、煤系或油气地层、瓦斯发育区、采空区以及重大物探异常地段，应采用超前钻探法预测预报，评价前方地质情况。
（3）根据现场需要，特别是物探发现的重要异常，动态调整孔数、位置、角度、深度。
（4）超前钻探工作应在超前（初期）支护后，洞身开挖前实施。连续钻探时前后两次宜重叠5~10m。
（5）超前钻探过程中应做好现场记录，包括钻孔位置、开（终）孔时间、孔深、钻进压力、钻进速度随钻孔深度变化情况、冲洗液颜色和流量变化、涌砂、空洞、振动、卡钻位置、突进里程、冲击器声音的变化等。应及时判定岩芯、岩粉、岩性，对于断层、溶洞填充物、煤层、代表性岩土等应拍照备查，并选择代表性岩芯整理保存。
（6）钻孔前根据已有地质资料进行充分论证分析，对钻孔中可能出现的突水、涌气、涌泥风险进行评估和预测，并做好相应的预案准备</td></tr>
<tr><td>参考图片</td><td>

掌子面超前钻探</td></tr>
</table>

5 超前支护

5.1 超前小导管支护

<table>
<tr><td>作业要点</td><td>（1）小导管应按设计长度施作，应大于2倍循环进尺，宜为3.5~5.0m，搭接长度不应小于1.0m。
（2）小导管材质和直径应符合设计要求，宜采用ϕ42mm的无缝钢管，前端做成圆锥状，在后端焊接钢筋箍。管体布设梅花形溢浆孔，岩质地层，管体开孔范围宜为前端2/3，土质地层，管体开孔范围宜为前端1/2。
（3）超前小导管和钢架联合支护时，宜从钢架腹部穿过，尾端与钢架焊接。超前小导管沿隧道纵向开挖轮廓线向外以10°左右的外插角钻孔，将小导管打入地层。导管环向间距宜为200~500mm。
（4）注浆前，应对开挖面及周边喷射混凝土封闭，以防止注浆作业时发生孔口跑浆现象。
（5）注浆参数根据地层的可注性与注浆工艺确定，通常注浆压力应为0.5~1.0MPa，注浆按由下至上的顺序施工，以终压控制为主，注浆量校核。当注浆压力为0.7~1.0MPa，持续15min即可终止。
（6）配制好的浆液应在规定时间内注完，随配随用</td></tr>
<tr><td>参考图片</td><td>
超前小导管

超前小导管注浆
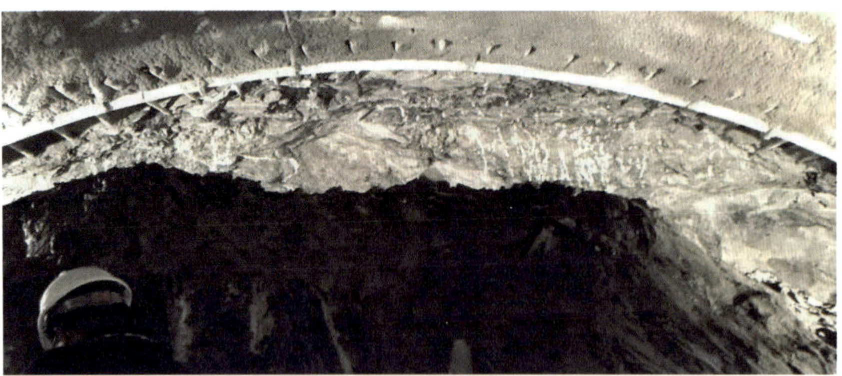
超前小导管成型</td></tr>
</table>

5.2 超前管棚支护

<table>
<tr><td>作业要点</td><td>（1）管棚以套拱内预埋的孔口管定向、定位，严格控制其上抬量和角度。
（2）管棚钻机应根据地质条件选择，在破碎岩层或夹有孤石的地层中宜选用跟管钻进的大扭矩冲击钻机。钻进地层易于成孔时，宜采用引孔顶入法。地质状况复杂、不易成孔时，可采用跟管钻进工艺。
（3）为保证长管棚施工质量，在拱脚部位，选两个孔作为试验孔，找出地层特点，并进行注浆和砂浆充填试验。
（4）安装钢管时，先打有孔钢管，注浆后再打无孔钢管。每钻完一孔顶进一根钢管。
（5）管棚注浆前，宜将开挖工作面用喷射混凝土封闭。为确保注浆质量，在钢管安装后，管口用麻丝和锚固剂封堵钢管与孔壁之间的空隙，钢管孔口焊接封堵钢板并安装注浆管接头，注双液浆时应在压浆管口上安装三通接头。
（6）注浆后，排除管内胶凝浆液，用水泥砂浆紧密充填，增强管棚的刚度和强度；对于非压浆孔，直接充填即可。
（7）必要时可采用工作洞室施作管棚，控制外插角</td></tr>
<tr><td>参考图片</td><td>
超前大管棚施工（一）

超前大管棚施工（二）</td></tr>
</table>

5.3 超前预注浆

作业要点	（1）根据地质条件、掌子面出水量大小，选择帷幕注浆、周边注浆和局部注浆方式，并注意咬合、搭接。 （2）注浆材料及浆液配合比应根据地质条件、注浆目的、注浆工艺等因素确定。一般情况下注浆材料应选用水泥系浆材，不宜采用化学浆材，水泥一般选用普通硅酸盐水泥。采用水泥浆液时，水灰比可采用0.5∶1~1∶1。采用水泥—水玻璃浆液应根据胶凝时间配制，一般水泥浆液的水灰比为0.5∶1~1∶1，水玻璃浓度为25~40° Be′ 时，水泥浆与水玻璃的体积比宜为1∶1~1∶0.3。 （3）注浆压力应根据岩性、施工条件等因素在现场试验确定。注浆过程中应根据浆液扩散情况、注浆量、注浆压力等参数调整注浆材料和配合比。 （4）注浆方式可选用前进式、后退式或全孔式，注浆顺序宜为先内圈孔、后外圈孔，先无水孔、后有水孔，从拱顶顺序向下进行。 （5）注浆前应进行压水或压入稀浆试验，判断地层的吸浆和扩散情况，确定浆液种类、浓度和注浆压力，发现与设计不符时，应立即调整。 （6）当注浆施工中出现异常情况时，应采取下列方法进行处理： ①钻孔过程中遇见突泥、突水情况，立即停钻，分析原因，并进行注浆、引排泄压等处理。 ②局部漏浆跑浆可用麻丝填塞裂隙、调整浆液配合比、缩短凝胶时间、浅孔注浆固结等方式处理。 ③注浆压力突然升高，应暂停注浆，检查管路是否堵塞、压力表有无故障。 ④进浆量大、压力长时间不升高时，可采用加大浆液浓度、降低注浆压力、添加纤维材料或间歇注浆等方法处理。 ⑤注浆后必须对注浆效果进行检查，如未达到要求，应进行补孔注浆
参考图片	 超前预注浆钻孔  帷幕注浆

6 洞身开挖

6.1 开挖方法

6.1.1 全断面法

作业要点	（1）全断面法施工时，支护机械应快速配套，装运机械大型化和高效化。 （2）Ⅱ、Ⅲ级围岩采用全断面法时，使用气腿式凿岩机时，循环进尺宜为3.5m左右，使用凿岩台车时可根据实际情况适当调整，提高施工效率，控制超欠挖。 （3）Ⅳ、Ⅴ级围岩采用全断面法时，应在从开挖到支护完成时段内围岩自稳、加固措施下围岩稳定、辅助坑道小断面条件下选用
参考图片	 全断面大型机械施工  全断面常规机械施工

6.1.2 台阶法

<table>
<tr><td>作业要点</td><td>（1）台阶数量和台阶高度应综合考虑隧道断面高度、机械设备及围岩稳定性等因素确定，台阶数量可采用两台阶或三台阶，台阶高度一般为2.5~5.0m，台阶长度不宜过长。
（2）上下台阶之间的距离尽可能满足机具正常作业要求，并减少翻渣工作量。
（3）上台阶开挖每循环进尺：Ⅲ级围岩不宜大于3m，Ⅳ级围岩宜不大于2榀钢架间距，Ⅴ级围岩不宜大于1榀钢架间距。
（4）下台阶开挖每循环进尺：Ⅳ、Ⅴ级围岩不宜大于2榀钢架间距。左右侧开挖宜交错进行，错开3~5m。下台阶单侧拉槽长度不宜超过15m。
（5）初期支护应紧跟开挖面；上台阶施工时，钢架底部应按设计要求及时施作锁脚锚杆，必要时设纵向槽钢托梁等，确保上台阶落脚具有稳定基础；下台阶施工时，同一榀钢架两侧不得同时悬空</td></tr>
<tr><td>参考图片</td><td>
两台阶法施工

三台阶法施工</td></tr>
</table>

6.1.3 环形开挖预留核心土法

作业要点	（1）环形开挖预留核心土法，将开挖断面分为上部、中部、下部及底部四个部分逐级开挖施工，核心土面积应不小于整个断面面积的50%。上部宜超前中部3~5m，中部超前下部3~5m，下部超前底部10m左右。 （2）环形开挖每循环进尺，Ⅴ级围岩不宜大于1榀钢架间距，Ⅳ级围岩不宜大于2榀钢架间距。中下台阶每循环进尺，不得大于2榀钢架间距。 （3）每一台阶开挖完成后，及时喷射不小于4cm厚混凝土对围岩进行封闭，施作型钢钢架及锁脚锚杆，分层复喷混凝土到设计厚度，必要时各台阶设临时仰拱加强支护，完成一个开挖循环。 （4）仰拱施作宜紧跟下台阶，以及时闭合形成稳固的支护体系
参考图片	 环形开挖预留核心土法施工（一）  环形开挖预留核心土法施工（二）

6.1.4 中隔墙法（CD法）

<table>
<tr><td>作业要点</td><td>（1）各分部开挖时，周边轮廓应圆顺。开挖进尺不得大于1榀钢架间距。
（2）开挖时，同层左、右两侧沿纵向应错开10~15m，单侧开挖应采用短台阶，台阶长度3~5m。
（3）当开挖形成全断面时，应及时完成全断面初期支护闭合。
（4）临时支护拆除宜在仰拱施工前进行，一次拆除长度应通过试验段确定，并与仰拱浇筑长度相适应。临时支护拆除后，应及时浇筑仰拱和仰拱填充、施作拱墙衬砌。临时支护拆除前后，应加密变形监测。
（5）中壁拆除时间的判定要以拱顶下沉和净空收敛为依据，一般在拱顶下沉7d内增量在2mm以下作为拆除中壁的基准。
（6）CD法施工如采用爆破开挖，中壁宜为直中壁。
（7）CD法机械设备应与开挖断面相适应</td></tr>
<tr><td>参考图片</td><td>
CD 法

CD 法直中壁</td></tr>
</table>

6.1.5 工法转换

作业要点	（1）转换前应进行围岩级别核对，确认开挖方法和支护参数适用于前方围岩。 （2）转换应逐渐过渡。 （3）转换过程中各开挖分部应及时支护，及时闭合。 （4）转换过程中，应注意差异性沉降影响，并采取针对性措施。 （5）分部断面变大、支护变弱宜在较好的围岩地段进行
参考图片	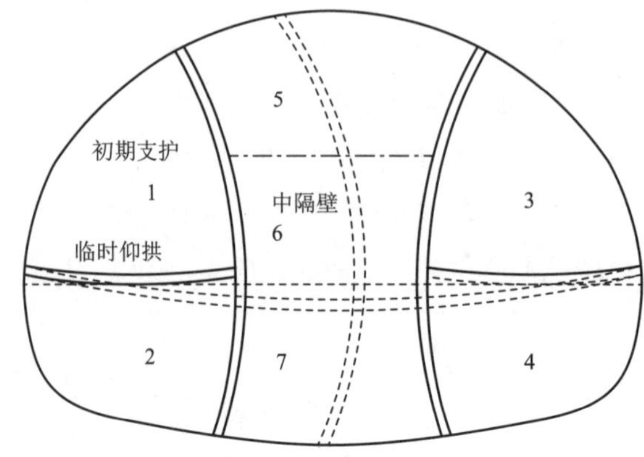 交叉中隔壁法（CRD 法）转化为 CD 法（一） 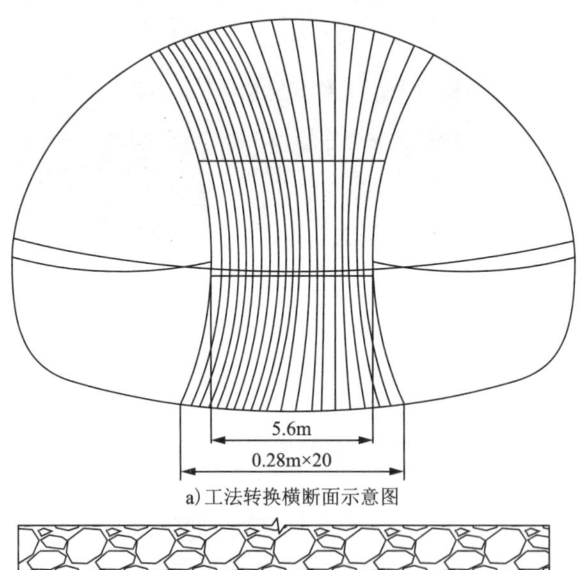 a）工法转换横断面示意图 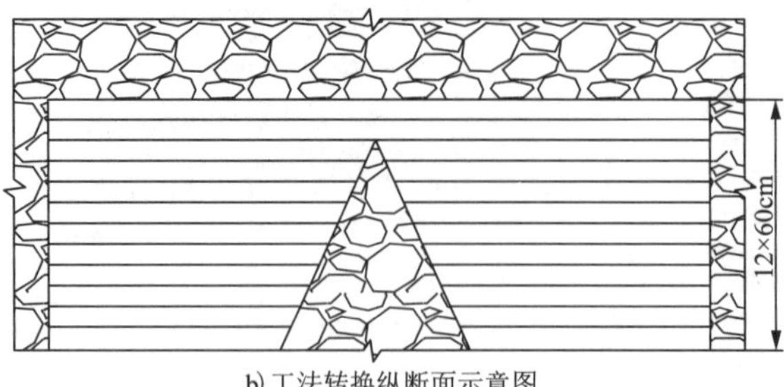 b）工法转换纵断面示意图 CRD 法转化为 CD 法（二）

6.2 超欠挖控制

<table>
<tr><td>作业要点</td><td>（1）钻爆法硬岩地层应采用光面爆破，软岩地层应采用控制爆破，并应提高钻孔精度，采取周边孔不耦合装药或间隔装药，严格控制单段起爆药量，减少对周边围岩的破坏。
（2）拱脚、墙脚以上1m范围内及净空图折角对应位置严禁欠挖。
（3）超挖应回填密实。局部超挖，超挖量不超过20cm时，宜采用喷射混凝土回填密实。边墙部位超挖，可采用同级混凝土回填</td></tr>
<tr><td>参考图片</td><td>
炮孔位置量测

开挖断面尺寸检测</td></tr>
</table>

6.3　钻爆开挖

6.3.1　钻爆设计

作业要点	（1）钻爆设计应根据工程地质、地形环境、开挖断面、开挖方法、循环进尺、钻孔机具、爆破材料和出渣能力等因素综合考虑，并应根据爆破效果优化调整。 （2）炮孔布置应符合下列规定： ①掏槽孔宜布置在开挖断面的中央稍靠下部，两掏槽孔间距不宜小于200mm，且宜比辅助孔孔底深100~200mm，硬岩不宜采用直眼掏槽。 ②开挖断面底面两隅处，宜合理布置辅助孔，适当增加药量，消除爆破死角。断面顶部应控制药量。 ③周边孔应根据围岩情况合理布置，保证开挖断面符合设计要求，硬岩开眼位置在开挖轮廓线上，软岩可向内偏5~10cm。 ④控制周边孔外插角度，孔深小于3m时外插角的允许斜率宜为孔深的±5%；孔深大于3m时外插角斜率宜为孔深的±3%；外插角的方向应与该点轮廓线的法线方向一致。 （3）周边孔宜选用小直径连续装药或间隔装药结构；岩石较软时，可采用导爆索装药结构；孔深不大于2m时，可采用空气柱状装药结构。其他炮孔应采用连续装药结构，并宜采用反向装药结构，提高炸药爆破效果。 （4）隧道对向开挖的两工作面相距达到4倍隧道跨度时，两工作面不得同时起爆
参考图片	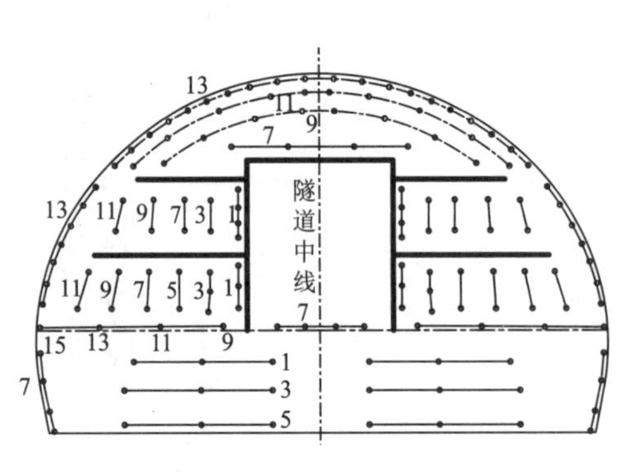 炮孔位置、段别布置示意图  光面爆破效果

6.3.2 钻爆作业

作业要点	（1）钻爆作业应按照钻爆设计实施。 （2）钻孔前应按爆破设计标出炮孔位置（误差不超过5cm）；钻孔完成后，应按炮孔布置图检查并做好记录，不符合规定的炮孔应重钻，经检查合格后方可装药。 （3）当开挖面凸凹较大时，应按实际情况调整炮孔深度，并相应调整装药量，除掏槽孔外的所有炮孔孔底宜在同一垂直面上。 （4）装药前，要用高压风、水将炮孔内泥浆、存水及石粉吹洗干净。 （5）炮孔清理完成后，应检查炮孔深度、角度、方向和炮孔内部情况，处理不符合要求的炮孔。炮孔缩孔、坍塌或有裂缝时不得装药。 （6）装药作业应符合下列规定： ①严禁装药与钻孔平行作业。 ②装药前，无关人员与机具等应撤至安全地点。 ③应使用木质或竹质炮棍装药。非间隔装药各药卷间应彼此密接。 ④已装药的炮孔应及时堵塞密封。应配备专用炮泥机加工炮泥，提高炮孔堵塞质量。周边孔的堵塞长度不宜小于40cm；炮孔深度小于1m堵塞长度不宜小于炮孔深度的1/2，炮孔深度1~2.5m堵塞长度不宜小于0.5m，炮孔深度超过2.5m堵塞长度不宜小于1m。 （7）连线起爆作业应符合下列规定： ①每次起爆前，爆破员应仔细检查起爆网路。 ②爆破员应最后离开爆破地点，撤离到有掩护的安全地点起爆。 ③爆破员接到起爆指令后，应先发出爆破警号，至少等5s后，方可起爆。 （8）光面爆破应符合下列规定： ①应严格控制周边孔的装药量，并使药量沿炮孔全长合理分布。 ②周边孔宜采用小直径药卷不耦合装药或装填低威力炸药；可借助导爆索实现空气间隔装药。 ③周边孔宜采用导爆索网路同时起爆；同时起爆药量超过安全允许药量时，也可分段起爆。 （9）爆破效果应符合下列规定： ①硬岩无剥落，中硬岩基本无剥落，软弱围岩无大的剥落或坍塌。开挖轮廓符合设计要求，开挖面平整。 ②隧道两次爆破形成的接茬错台，采用凿岩机钻孔时不应大于15cm，采用凿岩台车钻孔时不应大于25cm。 ③爆破进尺达到钻爆设计要求，渣块块度满足装运要求。 ④隧道爆破周边炮孔痕迹保存率，硬岩不应小于80%，中硬岩不应小于60%，并应在开挖轮廓面上均匀分布

续上表

参考图片	
参考图片	 气动凿岩机钻孔  凿岩台车钻孔  周边孔导爆索连接  光面爆破效果

6.4 非爆破开挖

作业要点	（1）采用非爆破开挖的隧道，应综合考虑隧道地质条件、工程进度、环境要求和施工成本等因素，合理选择非爆破开挖方法。土质围岩应采用机械开挖，软弱破碎围岩宜优先采用机械开挖。 （2）采用人工开挖时，确保开挖面前方及周边围岩的稳定，每循环进尺不应大于1榀钢架间距，开挖时尽量减少对墙脚初期支护及围岩的扰动。 （3）采用单臂掘进机开挖时，应在开挖面喷水或安设吸尘装置，并尽量减少超挖，开挖时可采用先将掌子面按十字形分块，再从下至上的线路
参考图片	 人工开挖  机械开挖

6.5 找顶清理

作业要点	（1）宜人工使用高钢号小钢管（设防爬杆装置）找顶，尽量不使用机械找顶。 （2）找顶顺序宜先侧后中、先近后远
参考图片	 人工找顶

7 出渣

7.1 装 渣

<table>
<tr><td>作业要点</td><td>（1）装渣作业范围内应有充足的照明、良好的施工通风，创造和维持良好的作业环境，同时严禁人员进入。
（2）装渣前及装渣过程中，应观察开挖面围岩的稳定情况。发现有松动岩石或塌方征兆时，应先处理后装渣。
（3）机械装渣时，装载机械应能在开挖断面安全运转，装渣机操作时其回转范围内不得有人通过，2台以上机械同时作业时应明确各自的作业范围（平面、高程安全距离）；机械装渣作业应严格按操作规程进行，并不得损坏已有的支护结构及相关设施。
（4）运输车应在挖装机械发出信号后，方可进入或驶出装车地点。
（5）临时弃渣倒运时，不得掏底装渣</td></tr>
<tr><td>参考图片</td><td>
装载机配合运输车出渣（一）

装载机配合运输车出渣（二）</td></tr>
</table>

7.2 运 渣

作业要点	（1）科学合理地组织洞内外行车，行车速度在作业地段和错车时不应大于10km/h。 （2）洞内路面应平整密实、排水通畅。 （3）在洞口、平交道口、狭窄的施工场地，应设置明显的警示标识（以视觉信号为主，声音信号为辅），必要时应设专人指挥交通。 （4）单车道净宽不得小于车宽加2m，并应间隔适当距离设置错车道；双车道净宽不得小于2倍车宽加2.5m；会车视距宜大于40m。 （5）隧底尽量紧跟，构建良好的行车道路，方便车辆适速行驶。 （6）仰拱栈桥基础应稳固。栈桥就位后应检查基础的稳定情况和千斤顶是否锁定。汽车通过仰拱栈桥时，栈桥下方施工人员应躲避。仰拱栈桥上部的泥水及残余混凝土应及时清除。 （7）出渣运输线路或道路应设专人进行维修和养护，使其处于平整、畅通状态。线路或道路两侧的废渣和余料应随时清除。出渣运输车辆必须处于完好状态，制动有效，严禁人料混载，不准超载、超宽、超高运输。运装大体积或超长料具时，应由专人指挥，专车运输，并设置显示界限的红灯。 （8）斜井（坡度＞7%）内长距离坡道运输时，路面应设置防滑设施，并在适当位置设置应急避险设施
参考图片	 运输车渣土运输

7.3 弃　渣

作业要点	（1）应根据弃渣场地形条件、弃渣利用情况、车辆类型，合理布置卸渣路线。 （2）机械卸渣时应有专人指挥。应分层卸渣，及时平整、压实。 （3）自卸汽车卸渣时，应将车辆停稳制动，不得边卸渣边行驶，不得在坑洼、松软、倾斜的地面卸渣；卸渣后应及时使车厢复位，严禁举升车厢行驶
参考图片	 弃渣场弃渣

8 初期支护

8.1 喷射混凝土

作业要点

（1）喷射混凝土应采用湿喷工艺，喷射前应清除岩面松动岩块、粉尘和岩屑等杂物，有集中出水处应先引排。

（2）初喷混凝土应在开挖后及时进行，厚度不少于4cm，喷射时应先填平岩面较大凹洼处；复喷混凝土应在钢筋网及钢架安装后及时进行，未设钢筋网及钢架时应及时复喷至设计厚度。

（3）软弱破碎隧道开挖后应立即对掌子面喷射混凝土，以防岩体发生松弛。软弱破碎隧道宜将初期支护钢架与掌子面之间喷射至简单覆盖超前管（杆）和钢筋网的程度。

（4）喷射混凝土应与围岩紧密黏结，结合牢固，不得有空洞。

（5）超挖部位必须采用喷射混凝土回填或用同强度等级的混凝土模筑，超挖较大部位设置钢筋网片，围岩塌落空洞较大部位预留初期支护背后喷射或回填孔。

（6）钢架与壁面之间的间隙应用喷射混凝土充填密实；喷射混凝土应由两侧拱脚向上对称喷射，并将钢架覆盖，保证将其背面喷射填满、黏结良好。拱脚基础喷射混凝土要密实，严禁悬空。

（7）喷射混凝土作业需紧跟开挖面时，下次爆破距喷射混凝土作业完成时间的间隔不应小于喷射混凝土终凝后3h

参考图片

拱架前方喷射混凝土覆盖初期支护背后空洞

初期支护喷射混凝土成型

预留孔喷射回填

8.2 系统（局部）锚杆

作业要点	（1）系统（局部）锚杆需在下一循环开挖前完成，拱部锚杆宜采用专用锚杆钻机，采用锚杆台车时应满足台阶高度与锚杆施工空间需求。 （2）系统锚杆钻孔方向应为设计开挖轮廓法线方向，垂直偏差不宜大于20°。局部锚杆应与岩层层面或主要结构面成大角度相交。 （3）锚杆砂浆应拌和均匀、随拌随用，已初凝的砂浆不得使用。采用药包时，药包不应有受潮、结块现象，药包宜在清水中浸泡，随用随泡，并应在药包水泥初凝前，将锚杆送入孔内，锚杆在送进过程中与浸水后的药包充分搅拌，使锚杆获得良好的锚固性。 （4）锚杆注浆前应清孔，注浆应饱满密实，快速凝胶，含水、破碎地层适当提高注浆压力，富水地段增大浆液黏稠性。 （5）砂浆终凝后应及时安装垫板、螺母，垫板应紧贴岩面，垫板与岩面不平整接触时，应用砂浆填实。 （6）锚杆砂浆凝固前不得加力。 （7）V级围岩系统锚杆施作及后注浆加固要求： ①对初期支护仰拱以上部分，特别是180°范围内实施后加固注浆。 ②采用ϕ25mm中空注浆智能锚杆，现场施作时通过云平台和应用程序（App）与各级各单位的管理人员互联互通，及时了解掌握锚杆的施作及注浆情况，其目的在于避免偷工减料，确保施工质量与隧道结构安全。 ③锚杆长度3.5~6m，根据围岩及变形情况而定。 ④环向间距1m。 ⑤浆液可采用水泥浆。 ⑥注浆压力0.3~0.5MPa。 ⑦成立专业的后加固注浆实施班组
参考图片	 锚杆钻机  系统锚杆施作效果

8.3 钢　筋　网

作业要点	（1）无拱架时钢筋网应随受喷岩面起伏铺设，且与锚杆或钎钉联结牢固，在喷射作业时不发生颤动。 （2）与初喷混凝土面的最大间隙不宜大于50mm，钢筋网的混凝土保护层厚度应不小于20mm，不得露筋。 （3）钢筋网每个交点和搭接段均应绑扎或焊接，钢筋网搭接长度不应小于30倍钢筋直径。 （4）采用双层钢筋网时，两层钢筋网间距应满足设计要求，第二层钢筋网应在第一层钢筋网被喷射混凝土全部覆盖后铺挂
参考图片	  拱架钢筋网施工  钢筋网挂网喷射混凝土施工

8.4 钢　拱　架

作业要点	（1）钢架可分节段制作，每节段长度应根据设计尺寸和开挖方法确定，每节段长度不宜大于4m，每节段应编号，注明安装位置。 （2）连接钢板规格尺寸应满足设计要求，连接钢板上螺栓孔应不少于4个，应采用冲压或铣切成孔，并应清除毛刺，不得采用氧焊烧孔；施工时连接板螺栓须上全上紧。 （3）型钢钢架与连接钢板焊接应采用角钢加强焊接。 （4）格栅钢架所有钢筋连接结点必须采用双面对称焊接。 （5）格栅钢架主筋端头与连接板焊接时，除主筋端头与钢板焊接外，应采用U形钢筋帮焊。每块连接钢板的U形钢筋数量应不少于2个。

续上表

作业要点	（6）钢架安装允许偏差±50mm，钢架立起后，根据中线水平将其校正到正确位置，然后用定位筋固定，并用纵向连接筋将其和相邻钢架连接牢靠。 （7）钢架应贴近初喷混凝土面安装；当钢架和围岩初喷混凝土面之间有间隙时应采用钢楔块或木楔块楔紧，并用喷射混凝土充填密实。有多个楔块时，楔块和楔块的间距不宜大于2.0m。 （8）应清除钢架落脚处虚渣，使之支承在稳固的地基上。当钢架落脚处围岩承载力不够时，应向围岩方向加设钢垫板、垫梁，或浇筑强度不低于C20的混凝土，以加大拱脚接触面积。 （9）Ⅴ级围岩钢拱架纵向一定要连接（特别软弱时可采用型钢纵向连接），使前后钢拱架形成整体。 （10）Ⅴ级围岩段备用临时全断面钢拱架20榀（左、右洞各10榀）。如果监控量测发现初期支护变形速率突变加大或初期支护开裂、掉块时，应立即采用临时钢拱架对变形段进行快速加固，防止变形加速侵限，再实施后注浆加固，确保初期支护变形而不侵限
参考图片	 拱部钢拱架  边墙钢拱架  拱架接头

8.5 锁脚锚杆

<table>
<tr><td>作业要点</td><td>（1）锁脚锚杆应在钢架安装就位后立即施作。
（2）锁脚锚杆安装位置应在钢架连接钢板以上100~300mm，采用型钢钢架时设于钢架两侧，采用格栅钢架时设在钢架主筋之间。
（3）控制沉降为主的锁脚锚杆方向尽量向下，控制水平位移为主的锁脚锚杆方向近似水平。
（4）锁脚锚杆外露头应与型钢钢架焊接，钢管锁脚锚杆采用U形钢筋辅助焊接，螺纹钢锁脚锚杆端头弯成L形。
（5）锁脚锚杆杆体采用钢管时管内应注满砂浆；采用螺纹钢时应先灌浆后插杆，或预留注浆管从孔底往孔口注浆。
（6）Ⅴ级围岩各台阶钢拱架的锁脚锚杆一定要施作，长度3~6m。如果锚杆成孔困难，也可用ϕ32mm或ϕ38mm的自进式锚杆进行锁脚。成孔容易时，也可用小导管锁脚。同时要对锁脚锚杆（管）进行注浆加固，注浆压力0.3~0.5MPa。锁脚锚杆（管）要与钢拱架焊接牢固</td></tr>
<tr><td>参考图片</td><td>
锁脚锚杆
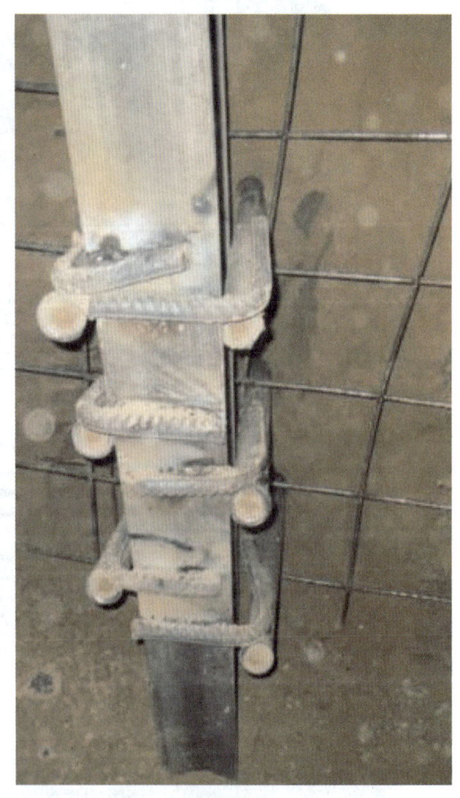
锁脚锚管</td></tr>
</table>

8.6 空洞回填

作业要点	（1）应根据初期支护背后空洞大小选择回填混凝土、回填注浆处理方式，回填混凝土时应在初期支护表面预埋混凝土灌注管。 （2）浆液应随用随配，并在最短的时间内注完，不得超过规定时间。 （3）注浆顺序为由下向上。如遇地下水，先注无水、少水地段，后注有水或多水地段，从下坡方向向上坡方向注浆。 （4）压浆过程中，如遇相邻眼孔流浆时，应用木塞塞紧或采用间歇注浆。 （5）第一次注浆后间隔2h，将每个注浆孔按0.1MPa的压力保持10min注浆。 （6）当达到下述情况之一时，即可结束注浆： ①当注浆压力达到设计终压时。 ②当注浆量达到或超过设计注浆量，孔口管出现冒浆时。 ③当注浆压力已达到设计终压，且稳压10min后，即使进浆量仍未达到设计浆量，也可结束注浆
参考图片	 初期支护空洞注浆

9 仰拱及填充

9.1 仰拱开挖

<table>
<tr>
<td>作业要点</td>
<td>
（1）应控制仰拱到掌子面的距离，应一次开挖成型，不得分幅施作。必要时，仰拱应紧跟掌子面。
（2）仰拱开挖时，应采取交通安全措施。
（3）仰拱开挖长度：土和软岩应不大于3m，硬岩应不大于5m。开挖后应及时施作仰拱初期支护、衬砌及填充。
（4）隧底开挖应圆顺、平整，欠挖应凿除，超挖部分采用同强度等级混凝土回填，处理后应再次检查断面形状、尺寸。
（5）应做好排水设施，清除隧底虚渣、杂物、淤泥、积水，严禁松渣回填。
（6）隧道底两隅与侧墙连接处应平顺开挖，避免引起应力集中。边墙钢架底部杂物应清干净，保证与仰拱钢架连接良好。
（7）当仰拱开挖遇变形较大的膨胀性围岩时，底面与两隅应预先打入锚杆或采取其他加固措施后，再进行开挖
</td>
</tr>
<tr>
<td>参考图片</td>
<td>

开挖仰拱

仰拱底虚渣清理
</td>
</tr>
</table>

9.2 仰拱初期支护

作业要点	（1）仰拱初期支护应随开挖及时施作，不得与仰拱混凝土衬砌一次浇筑。 （2）仰拱底部应先喷射混凝土找隧道轮廓，再施作钢架。 （3）仰拱初期支护钢架应与拱墙钢架对齐，误差不应大于20mm。 （4）仰拱钢架节段之间的连接及相邻钢架之间的横向连接方式，应与拱墙钢架连接要求相同。 （5）仰拱钢支撑的数量必须满足设计要求，与边墙拱架的牛腿连接处须确保焊接质量
参考图片	 仰拱初期支护钢架安装  仰拱初期支护喷射混凝土

9.3 仰拱衬砌

作业要点	（1）仰拱与拱墙衔接面应平整、凿毛，清除混凝土表面浮浆、松石和软弱混凝土层，并冲洗干净。 （2）仰拱与拱墙均为素混凝土时，设接茬钢筋，钢筋级别不应低于HRB400，直径不应小于20mm，长度不应小于500mm；接茬钢筋沿衬砌内外缘布置，纵向间距不应大于300mm。 （3）仰拱两侧衬砌边墙部位的预埋钢筋伸出长度应满足和衬砌环向钢筋焊连要求，且将接头错开，使同一截面的钢筋接头数不大于50%。 （4）仰拱衬砌钢筋的绑扎必须要保证双层钢筋的层距和每层钢筋的间距符合设计要求，层距的定位一般通过焊接定位钢筋来确定。 （5）仰拱混凝土，应使用模板浇筑，模板应留振捣窗，振捣窗纵横向间距不宜大于2.0m，振捣窗尺寸（长×宽）不宜小于450mm×450mm，应加强振捣窗周边模板刚度，窗门应平整、严密、不漏浆。 （6）挡头模板应采用可重复使用并能同时固定止水带的定型模板。 （7）仰拱衬砌混凝土应整幅一次浇筑成型，不得左右半幅分次浇筑，一次浇筑长度不宜大于5.0m。 （8）仰拱、仰拱填充和垫层混凝土浇筑，宜采用插入式振捣器振捣密实。 （9）仰拱和仰拱填充混凝土应在其强度达到2.5MPa后方可拆模。 （10）仰拱和铺底混凝土强度达到设计强度100%后，方可允许车辆通行。 （11）仰拱浇筑时应采取措施，防止混凝土向中间低处流动，造成中间超厚、边部厚度不足
参考图片	 仰拱钢筋绑扎（一）

续上表

<table>
<tr><td>参考图片</td><td>
仰拱钢筋绑扎（二）

仰拱衬砌浇筑</td></tr>
</table>

9.4 填 充 层

<table>
<tr><td>作业要点</td><td>（1）仰拱填充混凝土应在仰拱混凝土达到设计强度的70%后施工。
（2）仰拱填充混凝土不得与仰拱衬砌混凝土一次浇筑。
（3）仰拱填充混凝土施工前应清除仰拱表面积水、杂物等。
（4）仰拱衬砌横向施工缝与填充混凝土横向施工缝宜错开设置，错开距离不宜小于0.5m。
（5）在设有变形缝位置，仰拱衬砌变形缝与填充混凝土变形缝应在同一断面位置。
（6）仰拱填充混凝土顶面应平顺，坡度应符合设计规定。
（7）仰拱填充采用片石混凝土时，片石距挡头模板的距离应大于50mm，片石间距应大于混凝土粗集料的最大粒径，应分层掺放，并确保密实。
（8）仰拱填充和垫层混凝土强度达到设计强度100%后，方可允许运渣车辆通行</td></tr>
<tr><td>参考图片</td><td>
填充浇筑

填充浇筑成型</td></tr>
</table>

9.5 垫　　层

<table>
<tr><td>作业要点</td><td>（1）当仰拱底无初期支护层时，宜先施作混凝土垫层，形成良好的作业面，以利于进行仰拱钢筋安装、立模等作业。
（2）清除隧道底部洞渣、杂物、淤泥、积水。
（3）隧道底部超挖采用与垫层同强度等级混凝土回填时应与垫层混凝土同时浇筑，超挖较大时，可采用浆砌片石回填，承载力和稳定性应满足设计要求，不得采用洞渣回填。
（4）垫层顶面应平顺，坡度应符合设计规定。
（5）垫层混凝土可半幅浇筑，接缝应平顺。
（6）应做好垫层混凝土底部排水处理，隧道底部围岩有地下水冒出时，应设盲沟引排</td></tr>
<tr><td>参考图片</td><td>
垫层浇筑</td></tr>
</table>

10 衬砌

10.1 钢筋安装

作业要点

（1）环向受力筋与纵向分布筋每个节点应进行绑扎或焊接。

（2）环向受力筋的搭接应采用焊接或机械连接。

（3）相邻环向受力筋搭接位置应错开，错开距离应不小于1m。

（4）同一受力钢筋的两个搭接距离应不小于1.5m。

（5）衬砌箍筋必须是整根钢筋，不允许连接。箍筋连接点应在环向受力筋与纵向分布筋的交叉连接处，并应进行绑扎或焊接。

（6）宜采用钢筋定位卡具，以保证层间距和纵向间距，内外层受力钢筋之间的限位钢筋应与环向受力筋进行焊接。

（7）受力筋与模板之间、受力筋与防水层之间应安装满足设计厚度要求的混凝土垫块。垫块应按梅花形布置，垫块纵向、环向间距不宜大于1.5m

参考图片

衬砌钢筋安装

钢筋定位

衬砌钢筋垫块厚度检查

衬砌钢筋施工成型

10.2 衬砌台车就位

<table>
<tr><td>作业要点</td><td>

（1）应确保衬砌台车的刚度和强度。对加宽段处在Ⅳ、Ⅴ级围岩段落的，应专门配备加宽段整体衬砌台车，以确保加宽段衬砌及时施作。

（2）衬砌台车模板定位采用五点定位法，即以衬砌圆心为原点建立平面坐标系，通过控制顶模中心点、顶模与侧模的铰接点、侧模的底脚点来精确控制台车就位。曲线隧道应考虑内外弧长差引起的左右侧搭接长度的变化，以使弧线圆顺，减少接缝错台。

（3）衬砌台车应根据施工通风风管设计参数预留风管穿越的空间，台车电缆线应穿入聚氯乙烯（PVC）管中。

（4）衬砌台车模板应与混凝土适当搭接（搭接长度≥10cm，曲线地段指内侧），撑开就位后检查衬砌台车各节点连接是否牢固、有无错动移位情况、模板是否翘曲或扭动、位置是否准确，保证衬砌净空。

（5）每施作衬砌长度500~600m，衬砌台车应全面校验一次，校验可在隧道加宽带进行

</td></tr>
<tr><td>参考图片</td><td>

衬砌台车

衬砌台车行走、控制系统

衬砌台车标识牌

</td></tr>
</table>

10.3 端模安装

作业要点	（1）台车堵头板应密封严实，拆卸和安装方便，应采用可重复使用并能同时固定止水带的定型模板，推荐采用台阶式或气囊式。 （2）挡头模板应满足承受混凝土压力的刚度，厚度应适当加大，安装稳固。 （3）挡头模板应按衬砌断面制作（以保证设计衬砌厚度），并可适当调整（以适应其不规则性），其单片宽度不宜小于300mm，厚度不小于30mm。 （4）挡头模板结构应能保证衬砌环接缝榫接，以保证接头处质量，增强其止水功能。 （5）挡头板顶部应留有观察小窗口，以观察封顶混凝土情况
参考图片	 端模钢模板与木模板组合  端模安装质量检查

10.4 衬砌混凝土浇筑

作业要点	（1）浇筑混凝土前，纵横向施工缝表面应凿毛，冲洗干净，保持湿润，然后涂刷混凝土界面剂或铺一层厚25~30mm的水泥砂浆。 （2）衬砌混凝土应采用强制式混凝土搅拌机搅拌。自全部材料装入搅拌筒至开始出料的搅拌时间不应小于60s；坍落度小于100mm，且搅拌机出料量大于500L时，搅拌时间不应小于90s；含有粉煤灰等掺合料时，搅拌时间不应小于120s。混凝土拌和后应尽快浇筑，已经初凝的剩余混凝土，不得重新搅拌使用。 （3）衬砌混凝土施工应符合下列规定： ①泵送混凝土前应采用按设计配合比拌制的水泥浆或按集料减半配制的混凝土润滑管道。

作业要点	②混凝土出料口距浇筑面的垂直距离不应大于2.2m。 ③混凝土应从两侧边墙向拱顶、由下向上依次分层对称浇筑，两侧混凝土浇筑面高差不应大于1.0m，同一侧混凝土浇筑面高差不应大于0.5m。 ④混凝土衬砌应连续浇筑。当间歇浇筑时间超过允许间歇时间时，应采取设置钢筋或涂刷界面剂等措施。 （4）衬砌混凝土振捣应符合下列规定： ①宜采用附着式（为主）和插入式振捣相结合的方式振捣。 ②采用高频机械振捣时，振捣时间宜为10~30s。 ③插入式振动棒变换位置时，应竖向缓慢拔出，不得在混凝土浇筑仓内平拖，不得碰撞模板、钢筋和预埋件。 ④隧道衬砌起拱线以下的反弧部位是混凝土浇筑作业的难点部位，应对混凝土性能、坍落度及捣固方法进行有效控制，以减少反弧段气泡，有效改善衬砌混凝土表面质量。 （5）衬砌拱部封顶应符合下列要求： ①混凝土浇筑宜适当提高坍落度。 ②拱顶处混凝土灌注孔间距不应大于3m，浇筑时应充分利用各灌注孔进行浇筑，并应沿上坡方向进行，确保拱顶混凝土浇筑厚度和密实度，浇筑完成后及时封孔。 ③封顶时应适当减缓泵送速度，减小泵送压力，密切观察挡头板排气孔的排气和浆液泄漏情况。 ④在上坡挡头板拱顶处应设排气孔，混凝土浆液从挡头板排气孔泄流且由稀变浓，即可完成衬砌混凝土浇筑。 （6）拱架、支架和模板拆除应符合下列规定： ①不承受外荷载的拱、墙混凝土强度应达到5.0MPa。 ②承受围岩压力的拱、墙以及封顶和封口的混凝土强度应达到设计要求。 ③围岩和初期支护变形未稳定、或在塌方地段浇筑的衬砌混凝土应达到设计强度的100%
参考图片	 衬砌混凝土浇筑

10.5 衬砌背后空洞回填

作业要点	（1）衬砌背后空洞回填作业应在衬砌混凝土厚度达到设计厚度的条件下进行，并应在下一环衬砌浇筑混凝土前完成。当衬砌混凝土厚度不足时，不得采用注浆回填，应采用其他方式处理。 （2）边墙背后空洞深度小于或等于1.0m、拱部背后空洞深度大于0.5m时，应采用衬砌同强度等级混凝土回填密实，应与衬砌混凝土同时浇筑。 （3）边墙背后空洞深度大于1.0m、拱部背后空洞深度大于0.5m时，应按设计要求处理。 （4）衬砌背后空洞回填方式：可在隧道拱顶设置一长一短子母管，衬砌浇筑完成后，初凝前，立即开始灌浆回填
参考图片	 衬砌背后空洞回填  衬砌背后空洞回填注浆细部图

10.6 衬 砌 养 护

作业要点	（1）可配置养护台车或养护喷管，在拆模前冲洗模板外表面，拆模后用压力水喷淋混凝土表面，以降低水化热。在寒冷地区，应做好衬砌的防寒保温工作。 （2）衬砌拆模后应及时养护，并应符合下列规定： ①洞口100m养护期不少于14d，洞身养护不少于7d，对已贯通的隧道衬砌养护期不少于14d。 ②掺加引气剂或引气型减水剂时，混凝土养护时间不得少于14d。 ③隧道内空气湿度不小于90%时，可不进行洒水养护

续上表

参考图片	 衬砌养护台车（一）  衬砌养护台车（二）

11 防排水工程

11.1 施工临时排水

<table>
<tr><td>作业要点</td><td>（1）隧道排水必须达标，不得污染环境，不得造成农田水利设施、既有排水设施的损坏，隧道施工期间排水设施宜与永久排水设施相结合，不得造成排水设施堵塞。
（2）隧道内施工废水、围岩渗水不应形成漫流和积水，应汇流集中引排。
（3）掌子面地下水、施工用水等通过临时边沟引排至衬砌两侧边沟，临时边沟距离初期支护应有一定距离，流水不得冲刷初期支护。衬砌背后地下水通过盲管引入中心水沟自然排放。
（4）围岩有股水出露时，宜直接引排。隧道内边墙基坑、仰拱基坑积水应及时抽排。
（5）在膨胀岩、土质地层、围岩松软等特殊或不良地质地段隧道中，排水不宜直接接触围岩，宜根据需要对排水沟进行铺砌或用管槽代替，排水沟中不得有积水。
（6）台阶法施工时，上台阶应在下台阶开挖前架槽（管）将水引排至下台阶排水沟内，横向分幅开挖时应挖横向排水沟将水引至未开挖一侧，严禁漫流浸泡下台阶基坑。
（7）隧道开挖前方地下水必须排放时，可采用超前钻孔排水或开挖泄水洞排水等方式排放，并制订防止涌水、突水、突泥的安全措施。对岩溶地区应注意保留或恢复原有排水通道</td></tr>
<tr><td>参考图片</td><td>
洞内设置临时排水沟

洞内顺坡排水

洞口污水处理</td></tr>
</table>

11.2 施工反坡排水

作业要点	（1）对于反坡排水的隧道，可根据距离、坡度、水量和设备等因素布置排水管道，或一次或分段接力将水排出洞外。接力排水时应在掌子面设置临时集水坑，并每隔200m设置集水坑，通过水泵逐级抽排至洞口，其机械排水能力不小于估算地下水量的1.5倍。 （2）岩溶发育地区、承压水地层、富水地层、地表水体下的隧道反坡施工时，应准备一定的应急逃生与抢险物资、设备，宜设置两个独立的供电系统和排水管路。 （3）非富水隧道，宜根据坡度大小、集水箱（坑）位置，使用低扬程水泵分段接力抽提的排水方式。 （4）富水隧道，宜采用高扬程水泵将掌子面积水一次抽出洞外、与使用低扬程水泵分段接力抽提隧道纵向沿途渗水相结合的排水方式。 （5）分段接力排水时，水泵需功率匹配，启动联动。 （6）水泵宜用金属叶片的污水泵。 （7）应做好停电时的应急排水预案和人员、设备的安全保证措施
参考图片	 反坡排水排出洞外集水井

11.3 透水盲管

作业要点	（1）排水（盲）管的材质、强度、透水性应符合相关规范的规定，尺寸、规格应满足设计要求，盲管不得有凹瘪、扭曲。排水盲管宜多开孔。 （2）环向排水盲管、竖向排水盲管应紧贴初期支护表面敷设，布置间距应满足设计要求，应在有集中渗水位置敷设，在地下水较大地段应适当加密。 （3）纵向排水盲管敷设的纵向坡度应与隧道纵坡一致，不得起伏不平，不得侵占衬砌结构空间。 （4）环向排水盲管、横向排水盲管与纵向排水盲管应采用三通连接，并应连接、固定牢固。 （5）横向泄水管应采用硬质不透水管，横向泄水管与纵向排水盲管应采用三通连接，并应连接、固定牢固，衬砌混凝土浇筑时应露出横向泄水管管头。 （6）横向导水管应与泄水管管头连接牢固。 （7）横向导水管宜采用切槽方式铺设，浇筑路面混凝土时，槽顶面应采取隔离措施。 （8）环向排水盲管、竖向排水盲管、纵向排水盲管及透水的横向导水管的管体应用土工布包裹
参考图片	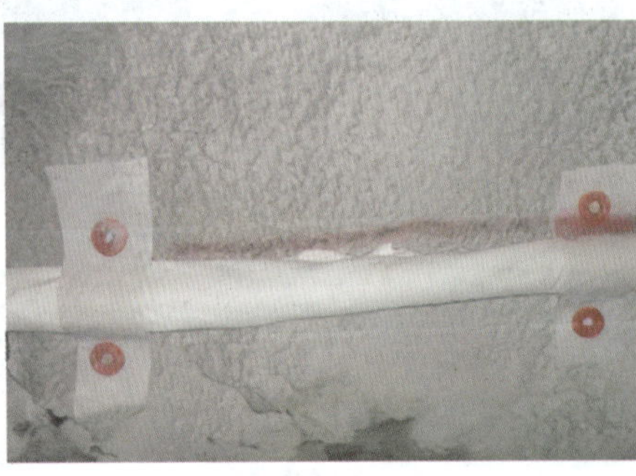 纵向排水盲管铺设 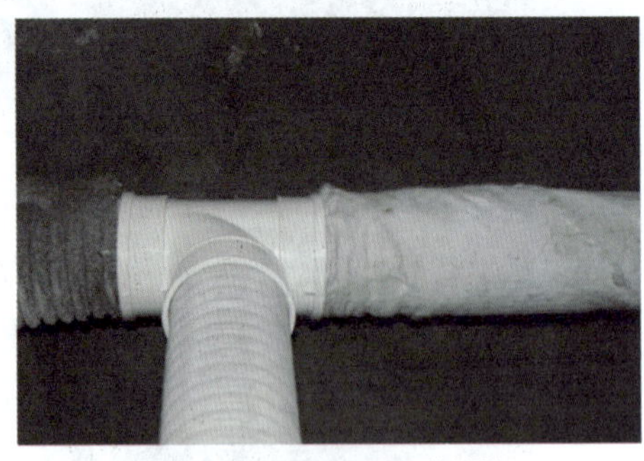 排水盲管用三通 PVC 管连接 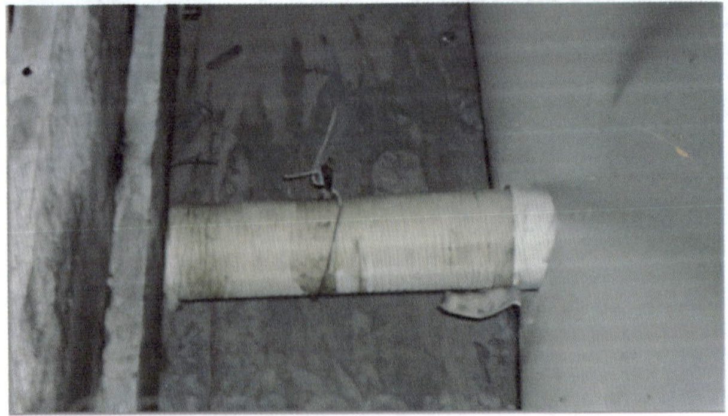 引水盲管安装

11.4 防 水 层

作业要点

（1）防水层铺设宜采用防水板铺设台车（台架），初期支护表面应平顺，无钢筋、锚头外露等现象，防水层应环向整幅铺设，拱部和边墙应无纵向搭接。

（2）无纺布应采用射钉加热熔垫固定，防水板应采用无钉铺挂，铺挂固定点间距，对于拱部宜为0.5~0.7m，对于侧墙宜为0.7~1.0m，在凹处应适当增加固定点。垫圈宜选择与防水板相近的材质，各部位厚度应满足钉设后不撕裂要求。

（3）防水板铺挂时应适当松弛，松弛系数根据超挖情况确定，一般情况取1.1~1.2。

（4）防水板的搭接宽度不应小于100mm，应采用自动爬焊机双缝焊接，双缝焊每条焊缝宽度不应小于10mm；无法采用自动爬焊机焊接的个别局部搭接位置，可采用手持焊枪焊接，焊缝宽度不应小于20mm。不宜使用超声波焊接防水板。

（5）双焊缝焊接质量应采用充气法检查，充气压力在0.25MPa并保持15min后，压力下降应小于10%。

（6）衬砌台车就位前，应对防水板进行检查，发现破损部位，应做好标记并及时修补，衬砌钢筋焊接作业时应采取遮挡等措施保护防水板

参考图片

土工布缓冲层铺设

使用防水板台架铺设防水板

防水板铺设效果

11.5 止水带与止水条

11.5.1 中埋止水带

<table>
<tr><td>作业要点</td><td>（1）应埋设在衬砌结构设计厚度中央，平面应与衬砌表面平行、与衬砌端头模板正交，止水带中间空心圆环应顺施工缝、变形缝方向并与缝重合安装。
（2）中埋橡胶止水带固定可采用“U”形ϕ6mm钢筋固定，环向每0.3m间距设置1道固定筋，“U”形口将止水带夹紧，并采用钢木翻转组合端头进行止水带限位。
（3）先浇一侧混凝土应采用定型挡头模板固定止水带，挡头模板应支撑牢固。
（4）后浇一侧混凝土浇筑前应清除止水带上混凝土残渣，止水带有倒转、扭曲时应采取措施扶正。
（5）混凝土浇筑时止水带不应移位、折曲、倒转。
（6）在衬砌转角位置的止水带应采用连续圆弧过渡，橡胶止水带的转角半径不应小于200mm，钢边止水带的转角半径不应小于300mm。
（7）止水带周边混凝土振捣应能使止水带与混凝土紧密结合，不留气泡和空隙，并应防止振捣造成止水带偏位或破损</td></tr>
<tr><td>参考图片</td><td>
衬砌环向中埋止水带

纵向施工缝中埋止水带

纵向施工缝中埋止水带固定</td></tr>
</table>

11.5.2 背贴式止水带

作业要点	（1）应在已铺挂的防水板上准确标出施工缝位置。 （2）在混凝土浇筑前，背贴式止水带应沿施工缝位置铺设，止水带中线应与施工缝重合，止水带两边应与防水板焊接，位置偏差应不大于10mm。 （3）挡头模板应将止水带顶紧、密贴，混凝土浇筑时不应漏浆。 （4）后浇一侧混凝土浇筑前应清除止水带残留混凝土。 （5）止水带接头应连接牢固
参考图片	 拱部背贴止水带  边墙背贴式止水带与中埋式止水带

11.5.3 止水条

<table>
<tr><td>作业要点</td><td>（1）止水条应采用预留槽嵌入法施工，并应符合下列规定：
①施工前，应检查止水条的宽度、厚度，应符合设计及标准要求。
②止水条应安装在已涂抹胶黏剂的预留槽内，并黏结牢固，用间距不大于60 cm的水泥钉固定。
③止水条安装时应顺槽拉紧嵌入，并应与槽底密贴。
④止水条定位后加涂缓膨剂，防止提前遇水膨胀。
⑤止水条接头处应重叠搭接后再粘接固定，搭接长度不应小于5 cm。
⑥振捣混凝土时，振捣棒不得接触止水条。
⑦带注浆孔遇水膨胀止水条搭接时，连接管应连接牢固、畅通，备用注浆管应引入衬砌内侧。
（2）施工前对止水条进行膨胀性试验，确保膨胀率合格</td></tr>
<tr><td>参考图片</td><td> 
止水条安装</td></tr>
</table>

12 附属设施

12.1 附属设施施工原则

作业要点	（1）隧道附属设施主要包括设备洞、水沟、电缆槽、隧道内吊顶隔板、装饰工程、预埋件、蓄水池等。 （2）隧道施工前，应结合图纸，对附属设施的位置及数量进行复核，确保无位置冲突及施工遗漏。附属设施施工前，应加强相关联专业的综合管理

12.2 设备洞室

作业要点	（1）认真复查防、排水工程的质量。防、排水工程符合设计规定后，方可进行附属洞室衬砌施工。 （2）衬砌中各类预埋管件、预留孔、槽及边墙内的各类洞室，应按设计位置定位。模板架设时应将经过防腐与防锈处理后的预埋管和预埋件绑扎牢固，留出各类孔、槽及边墙内的各类洞室位置。浇筑混凝土时应确保各类预埋管件、预留孔、槽不产生移位。 （3）各类洞室、横通道与正洞连接处的钢筋应互相连接可靠，绑扎牢固，使之成为整体。该处的衬砌应与正洞一次同时完成。 （4）主洞与各类洞室、横通道连接处钢架和主筋的断开和处置应符合设计规定。 （5）隧道所有附属洞室均采用定型钢模板。 （6）保证混凝土浇筑后结构物的形状、尺寸与相互位置符合设计规定。 （7）衬砌模板具有足够的稳定性、刚度和强度。模板表面必须光洁、无污物，必须涂脱模剂。 （8）模板安装的允许偏差： ①相邻两面板高差允许偏差±2mm，局部不平允许偏差±2mm，板面缝隙允许偏差±1mm。 ②结构物边线与设计边线允许偏差±1mm，结构物水平断面内部尺寸允许偏差±20mm，承重模板高程允许偏差±5mm，预留孔、洞尺寸及位置±10mm。 （9）混凝土浇筑过程中，应设置专人负责经常检查、调整模板的形状及位置。 （10）附属洞室衬砌施工主要参照正洞衬砌施工相关规范和设计图纸的要求进行施工，在施工过程中还应注意以下事项： ①附属洞室衬砌施工应遵循先底板后拱墙的原则，衬砌拱墙应一次施作完成。

续上表

<table>
<tr><td>作业要点</td><td>②附属洞室设计有衬砌钢筋时，应对洞室口处与正洞的衬砌钢筋同步施工，并进行有效的钢筋连接；附属洞室设计没有衬砌钢筋而正洞有衬砌钢筋时，应对正洞的衬砌钢筋在洞室口处进行锁口处理。
③附属洞室衬砌与所处的正洞衬砌同时施工，混凝土一次浇筑完成，洞室尽量不留有施工缝</td></tr>
<tr><td>参考图片</td><td>
预留洞室</td></tr>
</table>

12.3 中心水沟

<table>
<tr><td>作业要点</td><td>（1）中心水沟管身不得变形、不得有裂缝，管身上部透水孔畅通，中心排水沟盖板不得有断板现象。
（2）基础的总体坡度、段落坡度、单管坡度应协调一致，并符合设计要求，不得高低起伏。
（3）开挖断面应符合设计要求，宜超挖10cm，并用与回填层同强度等级的混凝土回填，中心排水沟的开挖宜与洞身开挖同步进行。
（4）有仰拱地段的中心排水管直接埋设于仰拱填充混凝土中，无仰拱地段的中心排水管应安设在混凝土管座上。</td></tr>
</table>

续上表

<table>
<tr><td>作业要点</td><td>（5）管路安设好后，应进行通水试验，发现漏水、积水，立即处理。
（6）中心水沟盖板顶面、滤水砂砾石层顶面在浇筑上部混凝土时应铺设隔离层。
（7）中心水沟施工期间作为施工排水通道时，进水口应设格栅遮挡，施工完成后应进行冲洗、疏通</td></tr>
<tr><td>参考图片</td><td>
中心水沟施工
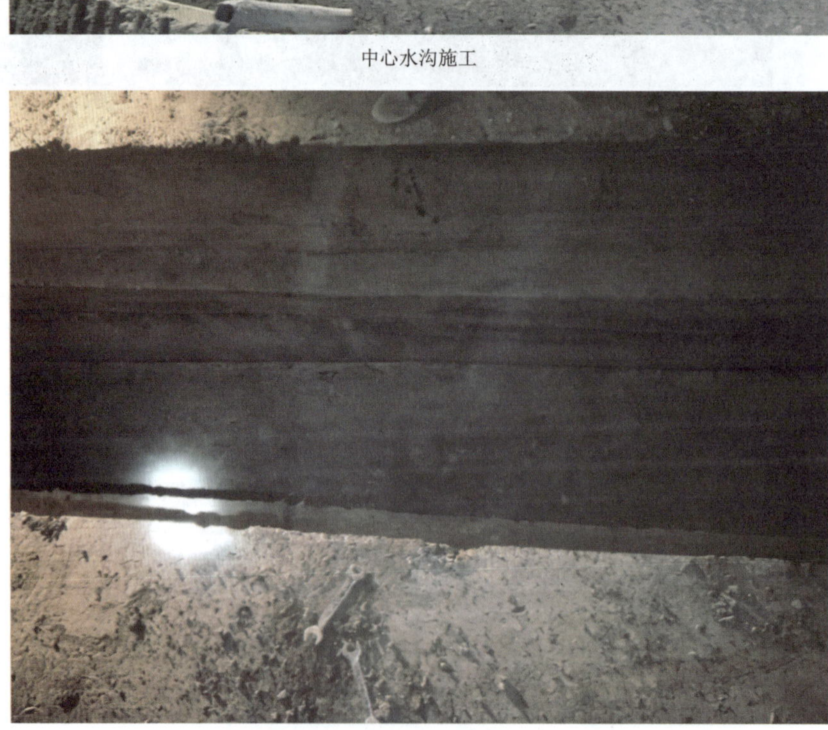
中心水沟成型</td></tr>
</table>

12.4 水沟及电缆槽

<table>
<tr><td>作业要点</td><td>（1）水沟、电缆槽应采用沟槽台车施工，沟槽纵向分段宜与拱墙施工缝对齐。
（2）水沟、电缆槽开挖应与边墙基础开挖同时进行，不得在边墙浇筑后再爆破开挖。
（3）水沟沟壁和沟底采用预制边沟时，开挖沟槽底应采用M20砂浆或C15混凝土铺底找平，安放平稳、接缝紧密，沟壁外侧应回填密实。
（4）盖板应集中预制，水沟、电缆槽盖板应平顺、整齐、无翘曲；盖板铺设应平稳，盖板两端与沟壁的缝隙应用砂浆填平，不得晃动或吊空。
（5）盖板安放前应清除沟内杂物、泥沙</td></tr>
<tr><td>参考图片</td><td>
水沟电缆槽

水沟电缆槽盖板</td></tr>
</table>

12.5 隧道内吊顶隔板

<table>
<tr><td>作业要点</td><td>（1）吊顶隔板施工前应调整好吊顶栏杆的高程，确保吊顶隔板保持在同一水平面上。
（2）吊顶隔板施工时的脚手架及模板应架设牢固。模板安装时应设一定预拱度，保证隔板浇筑符合设计要求。
（3）隔板钢筋与衬砌预埋钢筋及挡头板钢筋的连接必须牢固，并不得外露。
（4）吊顶隔板混凝土达到设计强度后才可拆模，吊顶隔板不得产生下挠度；上下表面应光洁平整；接缝处应严密，不得漏风和渗水。
（5）在隧道衬砌设置沉降缝处，隔板应相应设置横向沉降缝。
（6）吊顶拉杆露出混凝土隔板的部分应镀锌或涂防锈漆</td></tr>
<tr><td>参考图片</td><td>
公路隧道内吊顶隔板</td></tr>
</table>

12.6 装 饰 工 程

<table>
<tr><td>作业要点</td><td>（1）采用贴面装饰或涂料装饰时，应将装饰作业的表面清洗干净。贴面装饰应做到黏结牢固、整齐、面平、美观，背后不得有空鼓。
（2）对采用的装饰材料应进行装饰试验，并检车装饰铺设或喷涂的质量、颜色及与基底层的黏结牢固程度。
（3）各类洞室的防护门框和门扇应在平整的场地上先放样，所有构件应涂防锈漆，安装好的防护门应开启方便、严密、防火、隔热。</td></tr>
</table>

续上表

作业要点	（4）洞室应有标明洞室名称的标牌，洞口装饰应表面平整、清洁，隧道铭牌字样应美观、醒目，符合设计要求及相关规范规定
参考图片	 隧道内装饰

12.7 预 埋 件

作业要点	（1）衬砌施工前应编制预埋件施工技术方案，确保埋设牢固可靠，防止漏埋、错埋。 （2）预埋件安装前应进行检查，有裂纹缺损等现象时不得使用，预埋位置、精度应符合设计要求。 （3）安装工程所用各种预埋件应按设计进行防锈蚀处理。 （4）预埋钢管管口应打磨平整，管内应按设计穿设铁丝，并在衬砌混凝土浇筑后进行检查、试通。 （5）水泵基础应稳固可靠，并按设计要求埋设水泵地脚螺栓或预留孔位。 （6）通风设备预埋件施工还应符合下列规定： ①当运营通风洞内倾斜段的倾角大于12°时，宜按斜井开挖方法施工。 ②通风机的机座与基础应按设计要求施工。 ③对于通风机底盘与机座相连的地脚螺栓，应在设计要求的风机底盘螺栓孔布置预留灌注孔眼。 ④螺栓埋设时，应与机座面垂直，并灌浆密实

续上表

参考图片	 隧道风机预埋件安装

12.8 蓄 水 池

作业要点	（1）蓄水池应在地基坚固处设置，混凝土浇筑应做到振捣密实、表面光洁，且无渗漏。 （2）蓄水池混凝土达到设计强度后，应进行闭水试验。 （3）蓄水池应有冬季保温防冻措施，确保蓄水池内不结冰
参考图片	 蓄水池施工

13 施工通风

作业要点	（1）独头掘进长度超过150m时，应采用机械通风。独头掘进长度较长时，宜选用大直径风管（直径宜大于1.5m）。 （2）主风流不顺畅、主风流改向、风速不符合规定等情况下，宜设置局部或诱导通风系统。 （3）供风风量应以实际需要风量和管理水平按1.5~2.0倍计算。通风风速：全断面开挖时不应小于0.15m/s，宜为0.35m/s；分部开挖的坑道内不应小于0.25m/s，宜为0.35m/s，并均不应大于6m/s。 （4）压入式通风主风机应设在洞外，洞内辅助风机应安装在新鲜风流中。通风机应装有保险装置，当发生故障时能自动停机。 （5）通风管的安装应符合下列规定： ①送风管宜采用软管。靠近风机的软风管应采用加强型。 ②送风式的进风口宜在洞口30m以外，并根据洞口风向、风压适当调整位置。 ③送排风并用式通风的进风口与出风口宜错开20m左右。洞外排风管出口宜做成烟囱式，并高于压入式风机进风口。 ④通风管靠近开挖面的距离应根据开挖面大小确定，送风式通风管的送风口距开挖面不宜大于15m，排风式风管吸风口距开挖面不宜大于5m。靠近开挖面的风管应可移动，爆破前从掌子面处移走。 ⑤采用混合通风方式时，当一组风机向前移动，另一组风机的管路应相应接长，并始终保持两组管道相邻端交错20~30m。局部通风时，排风式风管的出风口应引入主风流循环的回风流中。 ⑥通风管的安装应平顺，接头应严密，每100m平均漏风率不应大于2%（独头通风距离小于2000m时，应不大于2%；独头通风距离在2000~3000m时，宜不大于1.5%；独头通风距离大于3000m时，宜不大于1%），弯管半径应不小于风管直径的3倍。 ⑦通风管应平直，通过台车时应避免大角度弯折，风管破损时应及时修补。 （6）特长隧道通风应符合下列规定： ①风管接头宜少不宜多，风管长度可选择50~100m。 ②宜优先采用大直径风管。 ③必要时可设置接力风机。 ④宜适当加密风管吊装间距，宜不大于5m。 （7）独头掘进长度超过1.5km时，应进行施工通风专项设计，确定施工通风方式、需风量、风机配置、风管等

参考图片

洞口风机布置

洞内风管转弯

衬砌台车设计预留风管孔位置

14 监控量测

14.1 监控量测工作原则

作业要点	（1）监控量测应作为关键工序纳入隧道工程施工组织管理，施工前应编制监控量测方案。通过监测结论分析动态管理，为施工方案优化、支护参数调整、安全风险评估管理等提供重要依据。 （2）监控量测工作应结合开挖、支护作业的进程，按要求布点和监测，并根据现场实际情况及时调整补充，量测数据应及时分析、处理和反馈。 （3）现场量测仪器，应根据量测项目及测试精度选用。宜选择简单适用、稳定可靠、操作方便、量程合理、便于进行结果处理和分析的测试仪器，并经过有效检校或校准

14.2 洞内外观察

作业要点	（1）洞内观察：应进行开挖工作面观察和已支护地段观察。 ①开挖工作面观察每天应不少于1次，及时绘制开挖工作面地质素描图，填写开挖工作面地质状态记录表。 ②已支护地段观察：应每天1次，观察围岩、喷射混凝土、锚杆和钢架等的工作状态，记录喷射混凝土表面起鼓、剥落、开裂、渗漏水、钢架变形及发展情况等内容。观察中发现围岩条件变差或支护结构异常时，应及时采取相应措施。 （2）洞外观察：应观察记录洞口段、偏压段、浅埋段及特殊地质地段的地表开裂、沉降、塌陷，边坡及仰坡稳定状态，地表水渗漏情况，地表植被变化等。应与地表下沉、地表水平位移对照分析洞口段边坡稳定性。 （3）观察记录应翔实，应与其他量测数据综合分析
参考图片	 掌子面观察、地质素描

14.3 监测项目与断面布置

<table>
<tr><td>作业要点</td><td>（1）监控量测项目应按规范要求与设计文件确定。
（2）量测断面间距及测点数量，应根据隧道埋深、围岩级别、断面大小、开挖方法、支护形式等确定。
（3）周边位移、拱顶下沉、地表下沉测点宜布置在相同里程断面。选测项目宜与必测项目布置在相同里程断面。
（4）洞口、洞身浅埋段及地质条件复杂段落，监测断面适当加密；施工方法出现变化时，应在变化里程前后布置1~2个监测断面。
（5）全断面法宜设置1条水平测线；台阶法每个台阶宜设置1条水平测线，CD法等分部开挖法，每开挖分部宜设置1条水平测线。
（6）小净距、连拱隧道的监测项目应根据相关规范、设计要求、现场需求等综合确定</td></tr>
<tr><td>参考图片</td><td>
监测断面布置
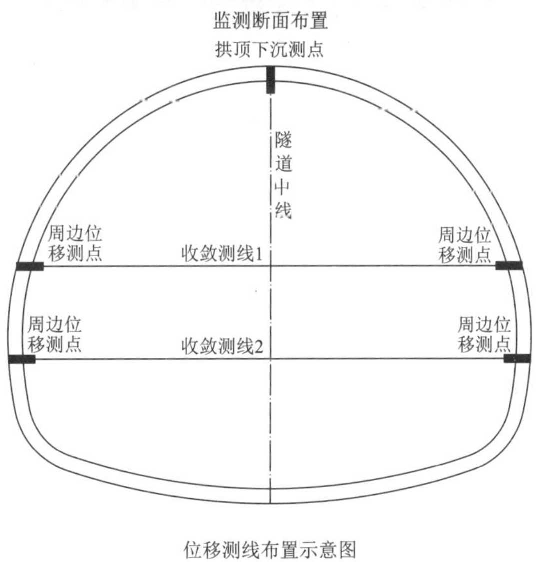

位移测线布置示意图</td></tr>
</table>

14.4 测点安装

<table>
<tr><td>作业要点</td><td>（1）洞内必测项目各测点宜在靠近掌子面、不受爆破影响范围内尽快安设，初读数应在每次开挖后12h内、下一循环开挖前取得，最迟不得超过24h。选测项目测点埋设时间宜根据实际需要确定。
（2）测点应牢固、可靠、易于识别，应能真实反映围岩、支护的动态变化信息。必测项目测点应埋入围岩中，深度不应小于0.2m，不应焊接在钢架上，外露部分应有保护措施。
（3）同一断面位移测点宜对称布置，不同断面测点应布置在相同部位。监测断面应悬挂统一的标识牌。
（4）偏压或者大变形隧道，宜根据需要设置整体位移测点。高水压、大变形、膨胀岩土等地段宜在仰拱设置底鼓测点，可与拱顶下沉对应设置。
（5）采用CD法等方法施工时，同一量测断面的各分部测点宜共用同一后视点。后视点应埋设在封闭且已稳定断面的边墙上，不宜埋设在中隔壁上。
（6）位移测量期间，应防止测点和后视点被现场施工人员或机械扰动，不得在测点预埋件上悬挂物品。测点若被破坏，应在被破坏测点附近补埋。若测点松动，应及时加固，加固当天的量测数据无效，待测点加固后重新读取初读数</td></tr>
<tr><td>参考图片</td><td>
位移监测点布置</td></tr>
</table>

续上表

<table>
<tr><th rowspan="7">参考图片</th><td>断面里程</td><td></td><td>围岩等级</td><td></td><td>埋设日期</td><td></td></tr>
<tr><td>项目</td><td>测点编号</td><td>日变形量（mm）</td><td>日变形量预警值（mm）</td><td>累计变形量（mm）</td><td>累计变形预警值（mm）</td></tr>
<tr><td>拱顶下沉</td><td></td><td></td><td></td><td></td><td></td></tr>
<tr><td>周边位移</td><td></td><td></td><td></td><td></td><td></td></tr>
<tr><td>管理等级</td><td>III级□</td><td>II级□</td><td>I级□</td><td>备注</td><td></td></tr>
<tr><td>责任人</td><td></td><td>联系电话</td><td></td><td>记录日期</td><td></td></tr>
<tr><td colspan="6">监控量测标识牌</td></tr>
</table>

14.5 监测频率

<table>
<tr><td>作业要点</td><td>（1）各项量测作业均应持续到量测断面开挖支护全部结束，临时支护拆除完成，且变形基本稳定后15~20d。
（2）位移监测频率应根据监测历时、位移速率和距开挖面距离等综合确定，选测项目监测频率宜与相同里程断面附近必测项目频率一致。
（3）当工序转换或出现异常情况时，应适当加大监测频率</td></tr>
<tr><td>参考图片</td><td>
隧道施工位移监测</td></tr>
</table>

14.6 监测预警

作业要点

（1）监测数据应及时处理分析，并绘制曲线图，根据数据处理结果及时调整和优化施工方案和工艺。

（2）洞内外观察预警等级及应对措施宜按下表规定。

预警等级及应对措施

预警等级	判别标准	应对措施
黄色	①初期支护、衬砌结构出现变形、位移、沉降和裂缝、渗漏水，隧底隆起等，发展缓慢。 ②隧道掌子面出现喷水现象或水体颜色及浑浊程度发生变化。 ③地表出现裂缝。 ④周边建（构）筑物出现轻微开裂、变形或不均匀沉降	加强监控量测，必要时采取相应工程措施
红色	①初期支护、衬砌结构物出现明显变形、位移、沉降且发展较快，裂缝密集，剪切性裂缝；混凝土出现压裂、起层和剥落，混凝土块有可能掉落。 ②掌子面或隧道周围岩土体出现突水、突泥、坍塌迹象，或出现异常的响声，出水量有明显增大的趋势。 ③地表出现突然明显的沉降或较严重的突发裂缝、坍塌，树木或电杆明显倾斜。 ④周边建（构）筑物出现危及正常使用功能或结构安全的过大沉降、倾斜、裂缝等	暂停施工，立即采取相应工程措施

（3）实测位移值不应大于隧道的极限位移，并按下表位移管理等级进行管理。一般情况下，将隧道设计的预留变形量作为极限位移，设计变形量应根据监测结果不断修正。

位移管理等级

管理等级	位移（mm）	施工状态
Ⅲ	$u<(u_0/3)$	可正常施工
Ⅱ	$(u_0/3) \leqslant u \leqslant (2u_0/3)$	应加强支护
Ⅰ	$u>(2u_0/3)$	应采取特殊措施

注：u-实测位移值；u_0-设计极限位移值。

（4）根据位移速率判断：速率大于1.0mm/d 时，围岩处于急剧变形状态，应加强初期支护；速率变化在0.2~1.0mm/d时，应加强观测，做好加固的准备；速率小于0.2mm/d时，围岩达到基本稳定。在高地应力软岩、膨胀岩土、流变蠕变岩土和挤压地层等不良地质和特殊性岩土中，应根据具体情况制订判别标准。

续上表

作业要点

（5）典型变形时态曲线与围岩稳定性趋势关系宜按下表判断

典型变形时态曲线与围岩稳定性趋势关系

时态曲线形态	变形加速度	围岩稳定状态及趋势	施 工 状 态
	$\frac{d^2u}{dt^2}<0$	基本稳定 趋于收敛	可正常施工
	$\frac{d^2u}{dt^2}\approx 0$	变化发展 线性增长	应加强支护
	$\frac{d^2u}{dt^2}>0$	变形异常加速 坍塌预警	应采取特殊措施

注：根据时态曲线判别围岩稳定性趋势时，应结合施工工序综合分析。

参考图片

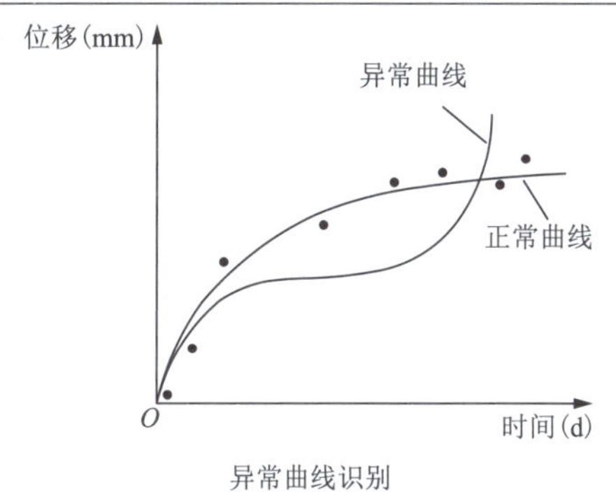

异常曲线识别

洞内位移监测

15 瓦斯隧道施工

15.1 瓦斯隧道分类

作业要点

（1）瓦斯隧道分为微瓦斯隧道、低瓦斯隧道、高瓦斯隧道和岩（煤）与瓦斯突出隧道四类。

（2）瓦斯隧道工区分为非瓦斯工区、微瓦斯工区、低瓦斯工区、高瓦斯工区、岩（煤）与瓦斯突出工区五类。

（3）瓦斯隧道类别应按瓦斯地层或瓦斯工区的最高类别确定

瓦斯地层或瓦斯工区绝对瓦斯涌出量判定指标

瓦斯地层或瓦斯工区类别	绝对瓦斯涌出量 Q_{CH_4}（m^3/min）
非瓦斯	0
微瓦斯	$0 < Q_{CH_4} < 1.0$
低瓦斯	$1.0 \leqslant Q_{CH_4} < 3.0$
高瓦斯	$3.0 \leqslant Q_{CH_4}$
岩（煤）与瓦斯突出	$3.0 \leqslant Q_{CH_4}$，$P_{CH_4} \geqslant 0.74$MPa

15.2 总体要求

作业要点

（1）应贯彻“安全第一、预防为主、综合治理”的方针，坚持“以人为本、安全经济”的原则，采取安全技术措施。

（2）瓦斯隧道施工前应编制实施性瓦斯专项施工组织设计与安全防护设计，施工期间应校核评定瓦斯工区类别，当瓦斯工区类别发生变化时应调整瓦斯专项施工组织设计。

（3）瓦斯工区电气、瓦斯检测与监测、通风及作业机械等设备，应按通过的最高瓦斯工区类别的要求配置。

（4）瓦斯隧道施工应全程进行瓦斯监测和检测，瓦斯工区应连续通风。

（5）瓦斯工区应建立瓦斯通风、监控、检测的组织机构，系统测定瓦斯浓度、风量风速及气象等参数。

（6）瓦斯隧道开工前，应组织对施工人员进行技术交底，对参加施工的人员进行上岗前技术培训

续上表

作业要点

瓦斯隧道施工安全总体要求

总体安全要求		微瓦斯	低瓦斯	高瓦斯
安全生产方针		√	√	√
通风瓦斯管理机构		√	√	√
连续通风		√	√	√
瓦斯监测	自动监测	×	√	√
	人工检测	√	√	√
全员培训		√	√	√
技术文件	瓦斯专项施工组织设计	√	√	√
	施工安全风险评估	√	√	√
	安全防护设计	√	√	√
	通风专项设计	√	√	√
	供配电专项设计	√	√	√
	行走设备防爆改装方案	×	×	√

注：√表示必要，×表示不必要。

参考图片

瓦斯拱顶检测

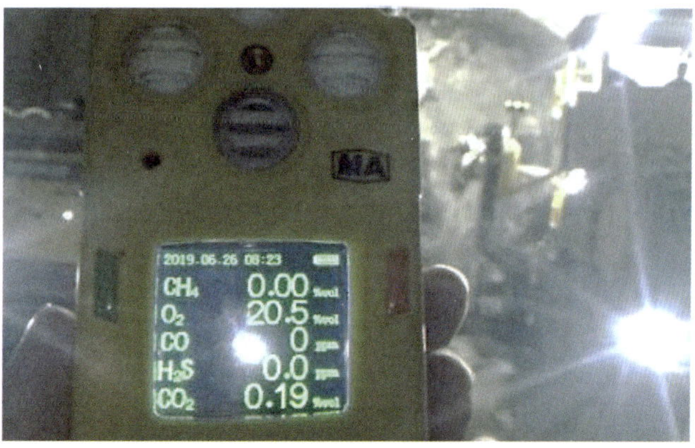

瓦斯浓度检测仪

15.3 非瓦斯隧道变更为瓦斯隧道流程

作业要点	原设计为非瓦斯隧道在施工过程中发现有瓦斯时，为确保人员、机械施工安全，应立即停工，完善瓦斯隧道等级鉴定和变更程序，待相关工作完成后才能继续施工
参考图片	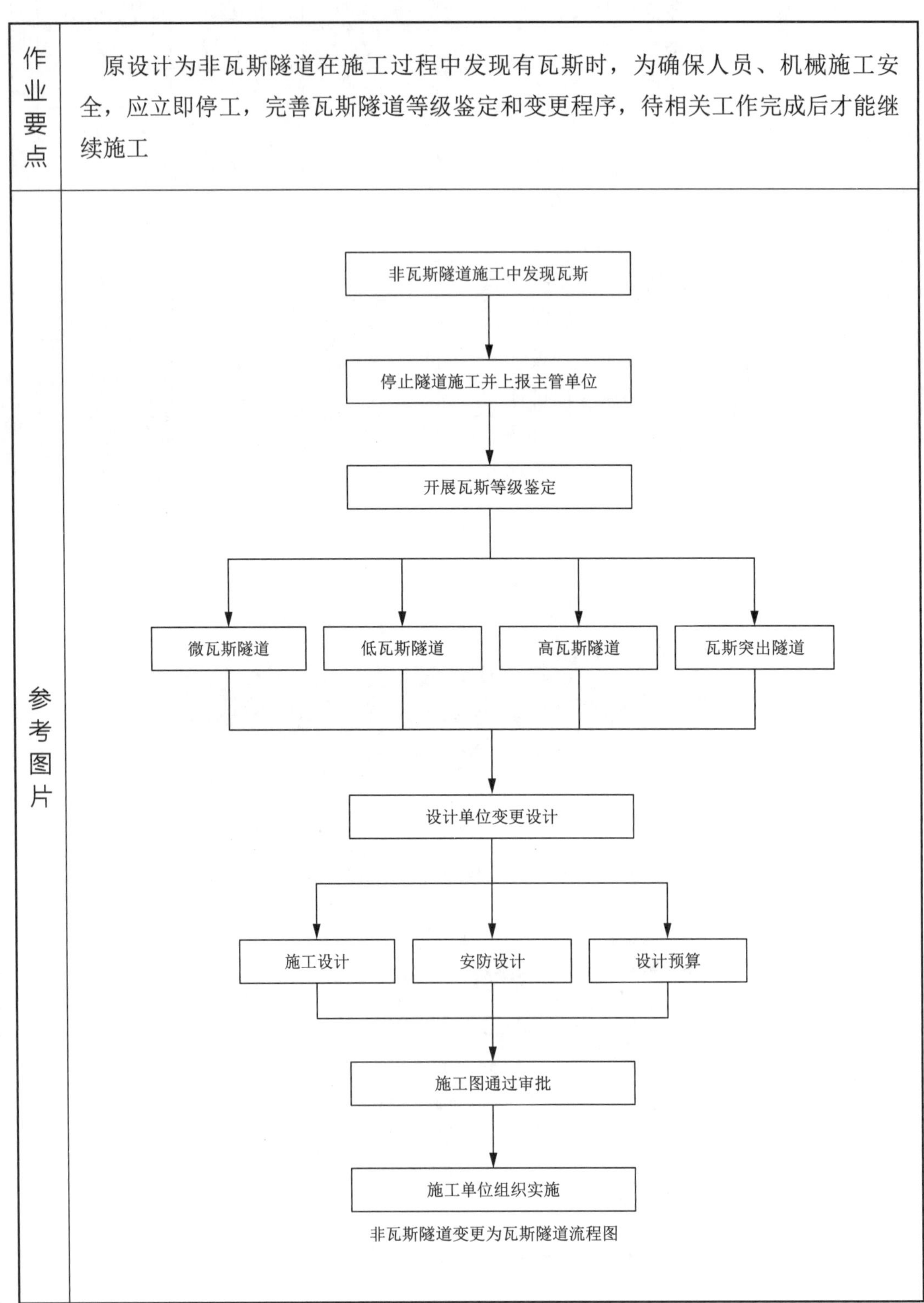 非瓦斯隧道变更为瓦斯隧道流程图

15.4 瓦斯主动防治

15.4.1 瓦斯隧道超前预测预报技术

作业要点

（1）坚持“有掘必探、有疑必探、先探后掘”原则，对于瓦斯隧道，推荐地质法，选择地质素描法和瓦斯超前钻孔探测；物探法选择水平声波反射法（HSP）或地质雷达。

（2）隧道开挖爆破后立即进行地质调查并进行地质素描。微瓦斯、低瓦斯地层段隧道内掌子面地质素描断面间距不宜大于5m，高瓦斯、岩（煤）与瓦斯突出地层段每个开挖循环均应做地质素描。

（3）超前钻孔应符合下列规定：

①超前地质钻孔宜单工序作业。

②钻探设备必须采用防爆型液压钻机，应采用湿式钻孔，不得干钻。

③钻探人员必须经过瓦斯专业培训，熟练运用相关仪器等进行瓦斯相关参数测定，能正确处理钻进过程中遇到的各种突发情况，如瓦斯喷涌出、瓦斯浓度急剧升高、因动力瓦斯引起的非正常卡钻、顶钻等情况。钻探人员配备隔离式自救器进行钻探作业，在钻探过程中瓦斯突出时，自行实施自救。

④钻孔直径不宜小于65mm，取芯钻孔直径不宜小于76mm，钻孔深度不宜小于50~80m，前后两循环钻孔水平搭接长度不小于5~10m。

⑤钻孔过程中应观察记录孔口瓦斯浓度、排出的浆液、煤屑变化情况、喷孔和顶钻等信息。

⑥每个超前钻孔结束后均应及时整理钻孔原始记录表和成果图，以指导施工。

（4）瓦斯地层每循环开挖应加深炮孔孔探测瓦斯，加深长度不应小于2m。加深钻孔数量：拱部不应少于5个，下部不应少于3个

隧道瓦斯主动防治措施

防治措施		隧道分类		
		微瓦斯隧道	低瓦斯隧道	高瓦斯隧道
物探	地质雷达	√	√	√
	瞬变电磁	√	√	√
钻探	加深炮孔	√	√	√
	超前水平钻	√（1~3个）	√（≥3个）	√（≥3个）
地质素描		√	√	√

注：√表示可采用。

续上表

参考图片

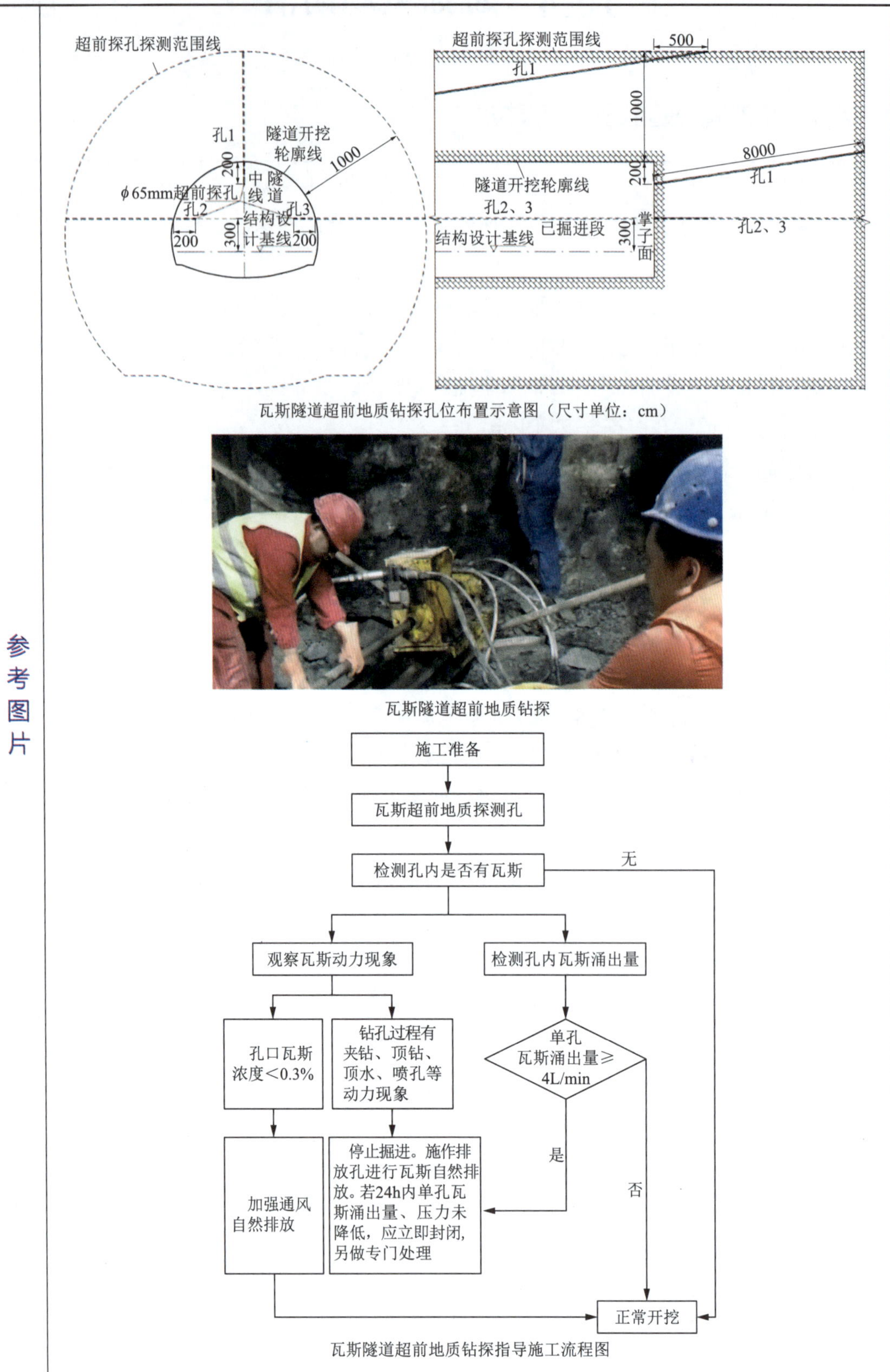

瓦斯隧道超前地质钻探孔位布置示意图（尺寸单位：cm）

瓦斯隧道超前地质钻探

瓦斯隧道超前地质钻探指导施工流程图

15.4.2 瓦斯隧道钻爆作业技术

作业要点	若采用钻爆法开挖，必须严格审批钻爆设计，认真检查爆破效果，不断提高爆破水平。必须编制瓦斯隧道钻爆作业安全技术措施。 （1）钻爆开挖坚持“多打眼、少装药、短进尺、快喷锚、强支护、勤检测、加强通风”的原则。 （2）钻爆开挖时应采用光面爆破，严格控制喷射混凝土平整度施工质量，以减少岩面和喷射混凝土表面坑洼不平造成的局部瓦斯积聚。 （3）发生瓦斯喷出等异常状况或岩（煤）与瓦斯突出预兆时，应立即报警、切断电源、停止工作、撤出人员，并启动应急预案。 （4）雷管和炸药必须放置在带盖的容器内分别运送。 （5）瓦斯地层钻孔作业必须符合下列规定： ①开挖工作面附近20m风流中瓦斯浓度应符合要求，低瓦斯工区瓦斯浓度必须小于0.5%，高瓦斯工区、瓦斯突出工区瓦斯浓度必须小于1.0%。 ②采用湿式钻孔作业时先开水后开风，以密闭粉尘，避免产生火花，卡钻时应用扳手松动拔出，不可敲打。 ③炮孔深度不应小于0.6m。 ④严禁使用煤电钻。 （6）微瓦斯地层可采用常规爆破器材。在低瓦斯地层、高瓦斯地层及岩（煤）与瓦斯突出地层使用的爆破器材，必须符合下列规定： ①低瓦斯地层中的煤层段施工，应使用安全等级不低于二级的煤矿许用炸药。高瓦斯地层中的煤层段施工，必须使用安全等级不低于三级的煤矿许用炸药。岩（煤）与瓦斯突出工区瓦斯地层和揭煤施工，必须使用安全等级不低于三级的煤矿许用含水炸药。 ②必须使用煤矿许用瞬发电雷管、煤矿许用毫秒延期电雷管或煤矿许用数码电雷管。使用煤矿许用毫秒延期电雷管时，最后一段的延期时间不得超过130ms；使用煤矿许用数码电雷管时，一次起爆总时间差不得超过130ms，并应当与专用起爆器配套使用。一次爆破必须使用同一厂家、同一品种的煤矿许用炸药和电雷管。 ③起爆母线应选用具有良好绝缘和柔顺性的铜芯电缆。爆破母线或辅助母线的破皮、裸露接头，必须做绝缘处理。 ④起爆器应选用防爆型。 （7）发生爆破地点20m以内瓦斯浓度超标，或爆破地点风量不足，或炮孔内发现异响、温度骤高骤低、瓦斯明显涌出、穿透采空区等现象时，严禁装药，严禁爆破。

续上表

作业要点	（8）瓦斯地层装药应符合下列规定： ①装药前应清除炮孔内的煤粉、岩粉。 ②装药时，应用木质或竹质炮棍将药卷推入，不得冲撞或捣实。 ③高瓦斯工区及岩（煤）与瓦斯突出工区不得采用反向起爆。 ④炮孔有水时，应使用抗水型炸药。 ⑤不得使用破损的电雷管。 （9）瓦斯地层炮孔封堵必须符合下列规定： ①炮孔封堵必须使用水炮泥，水炮泥外剩余的炮孔部分应采用黏土炮泥或其他不燃可塑松散材料制成的炮泥封实。 ②炮孔封堵严禁采用岩（煤）粉、块状材料或其他可燃性材料。 ③存在没有封堵、封堵不足或不实的炮孔，严禁爆破。 （10）瓦斯工区爆破网路和连线必须符合下列规定： ①必须采用绝缘母线单回路爆破，严禁利用轨道、金属管、金属网、水或大地等作为爆破回路。 ②严禁将毫秒延期雷管和瞬发雷管接入同一串联网路中混合使用。 ③爆破母线与电缆、电线、信号线不应设在同一侧。不得不设在同一侧时，爆破母线应设在下方，且距离其他线路不小于0.3m。母线应随用随设。 ④岩（煤）与瓦斯突出工区的瓦斯地层，起爆器宜设置在洞外。起爆器不能设在洞外时，应根据爆破安全距离、预计岩（煤）与瓦斯突出强度、通风系统等确定；起爆器应安装在新鲜风流中，起爆器20m以内风流中瓦斯浓度必须小于1.0%。 ⑤一个开挖工作面严禁同时使用两台及以上起爆器起爆。一次装药不得分次起爆。 （11）瓦斯地层爆破作业应符合下列规定： ①瓦斯地层段隧道爆破前，所有人员不得在爆破隧道内躲避。低瓦斯地层爆破前，爆破隧道内人员宜撤至非爆破隧道内或洞外；高瓦斯地层、岩（煤）与瓦斯突出地层爆破前，所有人员应撤至洞外；不能全部撤至隧道以外的，应在距离爆破工作面500m以外建设临时避难洞室或设置可移动式救生舱躲避。 ②爆破前，爆破母线拉至规定起爆地点后，应检查电爆网路全电阻值。严禁采用起爆器打火放电方法检测电爆网路。 ③严格执行“一炮三检制”（装药前、爆破前、爆破后要认真检查爆破地点附近20m以内的瓦斯浓度）和“三人连锁爆破制”（爆破工、安全员、瓦检工三人同时自始至终参加爆破工作）

续上表

作业要点

瓦斯隧道钻爆作业要求

工序	工 具 要 求	安 全 要 求
凿岩	气动凿岩机	湿式作业 CH_4浓度＜0.5%
瓦斯检查	光干涉式甲烷测定器	一炮三检 三人连锁爆破 20m范围内CH_4浓度＜0.5%
爆破	矿用发爆器	起爆器选用防爆型
	铜芯母线	起爆母线选用铜芯电缆
	毫秒延期电雷管	煤矿许用毫秒延期电雷管
	矿用炸药	低瓦斯隧道选用二级矿用炸药， 高瓦斯隧道选用三级矿用炸药

参考图片

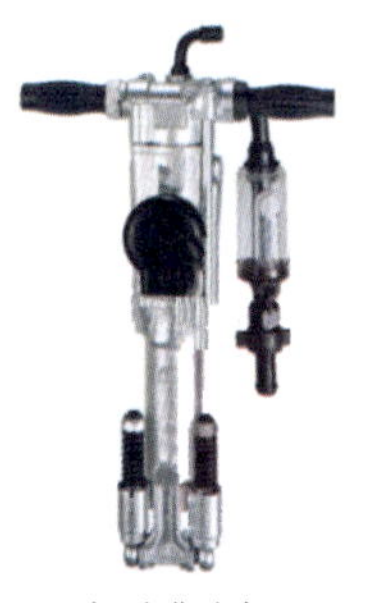
气动凿岩机

光干涉式甲烷测定器

矿用发爆器

铜芯母线

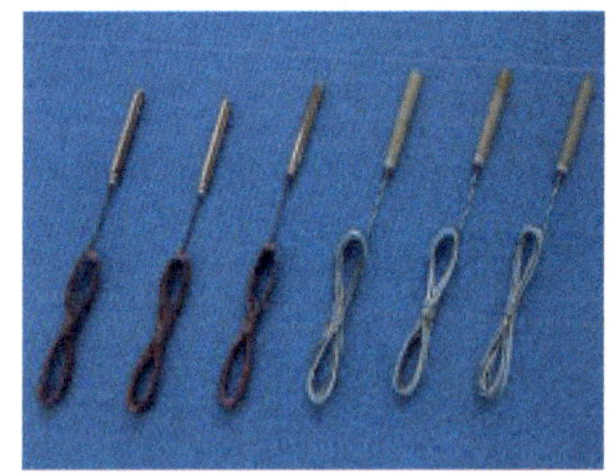
毫秒延期电雷管

矿用炸药

15.5 瓦斯被动防治

15.5.1 强化隧道施工支护管理

作业要点	（1）节理裂隙极其发育的围岩，开挖前采用超前注浆导管（锚杆）注浆，加固岩体、堵塞岩体裂隙，减少或阻止瓦斯外溢。 （2）宜采用正台阶法开挖，拱部开挖一次成型，开挖后及时喷射混凝土封闭围岩，减少瓦斯溢出。 （3）瓦斯隧道使用冷粘连接防水板材，杜绝因热焊连接产生火花。 （4）确保衬砌施作质量，不得低于设计抗渗等级要求。 ①微瓦斯地层段衬砌结构可按非瓦斯段衬砌结构进行设防。 ②低瓦斯工区衬砌结构防护等级不低于三级。 ③高瓦斯工区衬砌结构防护等级不低于二级。 ④岩（煤）与瓦斯突出衬砌结构防护等级不低于一级。 ⑤衬砌结构应采用复合式衬砌。 ⑥衬砌结构防护等级较高地段应向等级较低地段延伸进行设防，延伸长度不应小于50m。 （5）瓦斯地层防水板铺设后应及时施作衬砌，衬砌距掌子面的距离不宜超过70m。 （6）瓦斯地层段喷射混凝土的强度等级不应低于C25，厚度不应小于15cm。 （7）停工复工安全技术措施： ①瓦斯隧道停工后，必须撤出所有人员，切断电源，设置警示标识，禁止人、车辆进入隧道。 ②停工期间，必须建立值守制度，安排值守人员进行定期值守，无关人员不得进入隧道；风机应全天候进行隧道通风，不得停止。 ③停工封闭的瓦斯隧道复工前必须制订安全专项技术措施，进行全面的瓦斯浓度检测，应重点检测瓦斯易积聚且风流不易到达的地方，排除积聚的瓦斯，当工区瓦斯浓度降到0.5%以下方可恢复作业。 （8）瓦斯隧道塌方处理应遵循“先治理瓦斯、后处理塌方”的原则。塌方区域前后20m范围内的瓦斯浓度降至0.5%以下后，方可进行塌方处理。 （9）在构造带附近施工时，应采取降低推进度、减少装药量、采用微差爆破、增大工作面供风量等措施，以避免受开挖扰动影响瓦斯异常涌出

续上表

<table>
<tr><td>参考图片</td><td>
专职人员检测瓦斯浓度、风速</td></tr>
</table>

15.5.2 严格执行瓦斯检测与监测监控管理

<table>
<tr><td>作业要点</td><td>（1）瓦斯检测要求贯穿瓦斯隧道施工全过程，无论瓦斯工区还是非瓦斯工区，都必须进行瓦斯检测。
（2）每班人工瓦斯检测结果应与自动监控系统相应位置、时间的自动监控值进行对比，两种方式相互验证，发现异常应及时查明原因。
（3）瓦斯工区施工期间，应成立专门的瓦斯监控系统的使用、维护及维修中心。如监控系统运行不正常、传感器存在故障或出现无信号、无数据、瓦斯超限等重大隐患，应查明原因、立即处理，并做详细记录。
（4）隧道内班组长、特殊工种等人员进入瓦斯工区应配备便携式甲烷检测报警仪。
（5）人工瓦斯检测地点应包括以下区域：
①隧道内掌子面、仰拱及衬砌等作业面。
②爆破地点附近20m以内风流中。
③拱顶、脚手架顶、台车顶、塌腔区、断面变化处、联络通道及预留洞室等风流不易到达、瓦斯易发生积聚处。
④穿越含炭质岩层（煤层）、断层破碎带、裂隙带及瓦斯异常涌出点。
⑤局部通风机、电机、变压器、电气开关附近、电缆接头等隧道内可能产生火源的地点。
（6）人工瓦斯检测频率应符合下列规定：
①微瓦斯工区不应少于1次/4h，低瓦斯工区、高瓦斯工区不应少于1次/2h。
②高瓦斯工区和岩（煤）与瓦斯突出工区的开挖工作面及瓦斯涌出量较大、变化异常区域，应提高瓦斯浓度检测频率。
③瓦斯浓度低于0.5%时，应每0.5~1h检测一次；高于0.5%时，应随时检测。
④瓦斯工区内进行钻孔作业、塌腔及采空区处治和焊接动火、切割时，应随时检测瓦斯浓度。</td></tr>
</table>

续上表

作业要点

（7）瓦斯工区的开挖工作面及台车位置的拱顶以下25cm的范围内应悬挂便携式甲烷检测报警仪，实时检测瓦斯浓度。

（8）瓦斯自动监控系统使用瓦斯断电装置连续检测瓦斯浓度，其探头悬挂位置要能反映正洞风流中瓦斯的最高浓度。各类传感器的安设要求见下表。

各种传感器的安设要求

名　　称	安设地点	安设位置	安设要求
甲烷传感器	掌子面、衬砌台车、掌子面以外第1个加宽带、掘进中的横通道、隧道回风流距洞口10~15m	掌子面操作台车或顶板、衬砌台车、加宽带顶板、横通道顶板、隧道回风流距洞口10~15m	距离工作面不大于5m；距隧道顶部≤300mm、距隧道两帮≥200mm处，迎风流和背风流0.5m内不得有阻挡物，防止衬砌台车防水板挡住传感器；吊挂处支护完好、无滴水，施工作业过程中不得损坏传感器
一氧化碳传感器	掌子面	掌子面操作台车	掌子面操作台车上部左侧或右侧
二氧化碳传感器	掌子面	掌子面操作台车	掌子面操作台车下方左侧或右侧
氮氧化合物传感器	掌子面	掌子面操作台车	掌子面操作台车下方左侧或右侧
氧气传感器	掌子面	掌子面操作台车	掌子面操作台车下方左侧或右侧
开停传感器	通风机附近	主要、局部通风机附近	不影响通风机操作，且能正确反映通风机的工作状态
馈电传感器、断电器	掌子面、衬砌台车等附近	掌子面、衬砌台车等配电点	不影响掌子面、衬砌台车操作，且能正确反映设备的工作状态
其他气体传感器	掌子面、构造带附近	掌子面操作台车	掌子面操作台车下方左侧或右侧
风速传感器	掌子面、衬砌台车、中部、隧道回风距洞口10~15m	掌子面操作台车或顶板、衬砌台车、中部、隧道回风流距洞口10~15m	隧道中线位置距顶板250mm处
风门传感器	横通道	横通道风门处	风门打开侧、上侧

续上表

作业要点

（9）隧道内瓦斯浓度限值及超限处理措施应符合下表规定。

隧道内瓦斯浓度限值及超限处理措施

序号	工　　区	地　　点	限值	超限处理措施
1	微瓦斯工区	任意处	0.25%	查明原因，加强通风监测
2	低瓦斯工区	任意处	0.5%	超限处20m范围内立即停工，查明原因，加强通风监测
3	高瓦斯工区 岩（煤）与瓦斯突出工区	瓦斯积聚处	1.0%	超限附近20m停工，断电、撤人，进行处理，加强通风
4		开挖工作面风流中	1.0%	停止钻孔，超限停工，撤人，切断电源，查明原因，加强通风等
5		回风巷或工作面回风流中	1.0%	停工，撤人，处理
6		爆破地点附近20m风流中	1.0%	严禁装药爆破
7		岩（煤）层爆破后工作面风流中	1.0%	继续通风，不得进入
8		局部通风机及电气开关20m范围内	0.5%	停机，通风，处理
9		电动机及开关附近20m范围内	1.0%	停止运转，撤出人员，切断电源，进行处理

（10）安全监测与检测管理档案，应包括各种检查记录、调试记录、测量记录、维护记录、运行记录等。应设专人负责，分类建档，记录必须进行备份，档案必须保持连续性、完整性

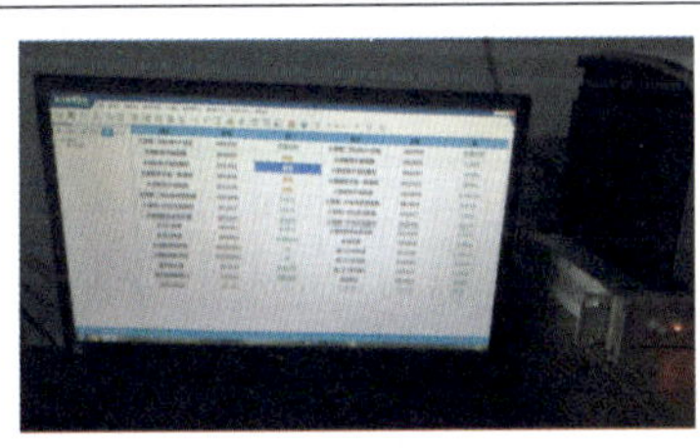

主机及显示屏

监控分站

传输电缆

甲烷传感器

温度传感器

风速传感器

二氧化碳传感器

续上表

<table>
<tr><td>参考图片</td><td>
硫化氢传感器

馈电断电器

防爆接线盒</td></tr>
</table>

15.5.3 瓦斯隧道施工通风管理

<table>
<tr><td>作业要点</td><td>（1）瓦斯隧道必须编制通风专项设计方案。必须进行严谨的风量计量，选用合理的通风设备，执行严格的通风管理，防止瓦斯积聚，以保证安全生产。
（2）瓦斯隧道应设置专门的通风机构或配备通风管理人员，设置专职人员测定风速、风量等参数。
（3）高瓦斯工区和岩（煤）与瓦斯突出工区通风长度大于1500m时宜采用巷道式通风。
（4）隧道施工进入裂隙带，应考虑瓦斯最大涌出量、涌出部位等因素，应科学合理调整通风量。
（5）保证通风有效，隧道中的风速满足要求：
①微瓦斯工区隧道洞内通风风速不应小于0.15m/s，瓦斯浓度应小于0.25%。
②低瓦斯工区隧道洞内通风风速不应小于0.25m/s，瓦斯浓度应小于0.5%。
③高瓦斯工区和岩（煤）与瓦斯突出工区隧道洞内通风风速不应小于0.5m/s，瓦斯浓度应小于0.5%。
④瓦斯易积聚处应实施局部通风，风速应不小于1.0m/s。
（6）瓦斯工区各个开挖掌子面应独立通风，不得使用1台通风机同时向两个及以上掌子面供风，任何两个掌子面之间不得串联通风。
（7）微瓦斯、低瓦斯工区日常通风检查每日应不少于1次，高瓦斯工区和岩（煤）与瓦斯突出工区每班应不少于1次。
（8）瓦斯工区通风方式改变、压入式风管长度每增加100m或每隔15d，应对隧道通风进行检测，主要检测内容为通风的风速、风量、风管漏风率等。
（9）高瓦斯工区与瓦斯突出工区爆破后通风时间应不少于30min，微瓦斯工区和低瓦斯工区爆破后通风时间应不少于15min，爆破后经巡视爆破地点无危险情况时才可进场作业。当按规定时间不能将瓦斯浓度稀释到规定值以下时，应采取提高风速、增大风量、延长通风时间或采取钻孔抽（排）放瓦斯等措施。</td></tr>
</table>

续上表

作业要点	（10）隧道贯通应遵守下列规定： ①瓦斯隧道相向掘进掌子面贯通前，在相距50m前，应停止一个掌子面的掘进，做好调整通风系统的准备工作。 ②停止掘进的工作面应保持正常通风和瓦斯检测，设置栏杆及警示标识。 ③掘进工作面每次爆破前，必须按规定检测工作面及其回风流中的瓦斯浓度，两端工作面及其回风流中的瓦斯浓度均符合要求时，掘进的工作面方可爆破。 ④每次爆破前，两端工作面入口必须有专人警戒。 ⑤隧道贯通时，应由专人在现场统一指挥。 ⑥贯通后，应停止隧道内的一切工作，调整通风系统，待风流稳定并确认安全后方可恢复施工。 ⑦当贯通的两端工作面的瓦斯工区类别不同时，风流不得从较高类别的瓦斯工区流向低类别的瓦斯工区。 （11）瓦斯工区停风时，必须撤出所有人员，切断电源，设置警示标识，禁止人员、车辆进入隧道。恢复瓦斯工区通风前，应由配备自救器的专业瓦斯检测人员进洞检测洞内瓦斯浓度情况，并制订通风及风机启动方案。经检测瓦斯浓度不超过1.0%，且洞内通风机及其开关附近10m以内风流中的瓦斯浓度均不超过0.5%时，方可人工启动洞内通风机；当通风后经瓦斯检测浓度仍超过1.0%，应制订并采取稀释瓦斯的安全措施。 （12）防止瓦斯积聚加强通风的主要措施： ①必须采用机械通风，避免自然通风，确保通风系统稳定。 ②通风机的安装和使用均必须符合规程要求，并经常检查，严禁带病运转。 ③必须正确确定隧道所需风量和风速，合理分配风量，禁止无风和微风作业。 ④禁止扩展通风，使用阻燃抗静电风筒，禁止使用化纤风筒。 ⑤局部通风机安装位置必须符合要求，禁止循环通风。 ⑥临时停工的瓦斯隧道不准停风，否则必须切断电源，设置栅栏和警示标识，禁止人员入内。 ⑦加强通风管理，建立通风瓦斯调度制度，禁止违章指挥、违章作业
参考图片	 瓦斯隧道洞口风机布置

15.5.4 瓦斯隧道施工防火管理

<table>
<tr><td>作业要点</td><td>（1）严格执行“洞口检身”管理制度。禁止携带烟草及点火物品、手机、钥匙等易燃违禁物品；任何人员进洞前必须在洞口外登记并接受检身，经检查确认无携带火源后，方准许进洞。
（2）瓦斯隧道洞口值班房、通风机房等洞口附近20m范围内不得有火源，并悬挂“20m范围内严禁烟火”警示牌。
（3）瓦斯工区易燃品管理应符合下列要求：
①瓦斯工区不得存放各种油类，洞内使用的各种油类物资，应由专人押运至使用地点，剩余的油类和废油应及时运出洞外，不得倾洒在洞内。
②瓦斯工区内待用和使用过的棉纱、布头和纸张等易燃、可燃物品，应存放在密闭的铁桶内。使用过的易燃、可燃物品应由专人送到洞外处理。使用的防水板等可燃品，应按需求确定进洞数量。
（4）在洞内掌子面、防水板台架、衬砌台车、配电点等处设置灭火器等灭火设备或设施，每处灭火器数量应不少于2台，并保持良好状态。
（5）瓦斯工区应避免电焊、气焊、喷灯焊接、切割等动火作业，当不得不进行动火作业时，应符合下列规定：
①应建立隧道内动火作业审批制度，制订动火作业安全技术措施，并组织作业人员学习。
②动火作业点附近应配备灭火器、消防砂、消防用水等消防设施，动火作业点20m范围内应跟踪检测瓦斯，瓦斯浓度应不大于0.5%。
③应由专人在动火作业现场检查和监督，并负责灭火。
④动火作业结束后，经检查确认无残火方可离开作业区。
（6）火灾处理应符合下列规定：
①瓦斯工区发生火灾时，应立即组织人员撤离，启动事故应急救援预案。
②电气设备着火时，应首先切断电源，不能直接灭火时，可设置防火墙封闭火区。
③启封火区时应逐段恢复通风，加强有害气体检测，发现复燃征兆，应立即停止送风，重新封闭火区</td></tr>
<tr><td>参考图片</td><td>
洞口检身
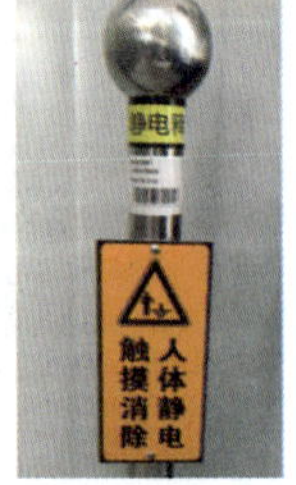

消除静电装置</td></tr>
</table>

15.6 瓦斯隧道相关设备要求

15.6.1 行走作业机械防爆要求

<table>
<tr><td>作业要点</td><td>
（1）高瓦斯工区、岩（煤）与瓦斯突出工区的作业机械应使用矿用防爆型。高瓦斯工区和岩（煤）与瓦斯突出工区的挖掘机、装载机、运输车、混凝土罐车、混凝土泵车等作业机械应采取防爆措施。高瓦斯工区的作业机械可安装车载瓦斯自动监控报警与断电系统的防爆装置；岩（煤）与瓦斯突出工区的燃油作业机械应使用矿用防爆型柴油动力装置。
（2）微瓦斯工区、低瓦斯工区的作业机械可按非瓦斯工区配置。
（3）当全部瓦斯地层施工完成后，后续的作业机械可按检测评定结果配置。
（4）瓦斯工区内使用的作业机械，除日常检查外，还应定期检查维护。
（5）高瓦斯工区、岩（煤）与瓦斯突出工区内不得进行作业机械拆卸和修理。
（6）洞内瓦斯工区施工作业机械应避免摩擦发热部件产生高温及火花。
（7）进洞人员应身着统一工作服，严禁穿化纤衣服。
（8）瓦斯工区内作业机械严禁使用汽油机车。
（9）作业机械使用非防爆型时应设置便携式瓦斯报警仪，当瓦斯浓度超过0.5%时，应停止作业机械运行。
（10）瓦斯隧道喷射混凝土作业采用湿喷机
</td></tr>
<tr><td>参考图片</td><td>
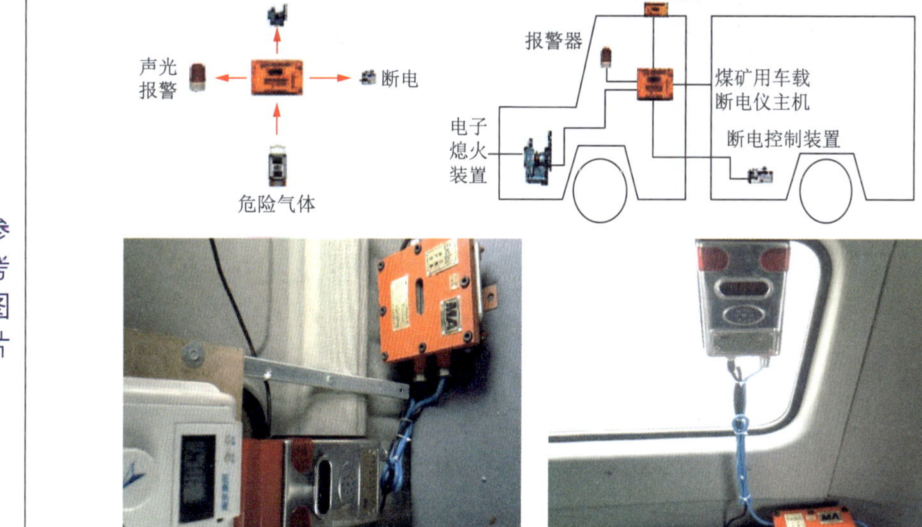

混凝土罐车、出渣车防爆改装
</td></tr>
</table>

15.6.2 照明设备要求

作业要点	（1）照明供电应符合下列规定： ①分路动力开关与照明开关应分别设置，照明线路接线应接在动力开关的上侧。 ②配电应设具有短路、过载和漏电保护的照明信号综合保护装置，并应用分支专用电缆和防爆接线盒接入照明灯具。 （2）固定照明灯具的选用，应符合下列规定： ①采用压入式通风时，已衬砌地段的固定照明灯具，采用Exd Ⅱ型防爆照明灯。开挖工作面附近、未衬砌地段的移动照明灯具，采用Exd Ⅰ型矿用防爆照明灯。 ②采用巷道式通风时，进风巷道已衬砌地段采用Exd Ⅱ型防爆照明灯。开挖工作面附近、未衬砌地段及回风巷道内的照明灯具，采用Exd Ⅰ型矿用防爆照明灯。 （3）移动照明灯具的选用，应符合下列规定： ①移动照明使用矿灯，并配置专用矿灯充电装置。 ②洞内开挖支护、仰拱施作、防水板铺设及衬砌浇筑等工序作业照明亮度要求较高处，可配置移动隔爆型投光灯
参考图片	 防爆照明灯  照明综合保护器

15.6.3 电气设备要求

作业要点	（1）高瓦斯工区、岩（煤）与瓦斯突出工区的电气设备应使用矿用防爆型。低瓦斯工区的电气设备应使用矿用一般型，微瓦斯工区的电气设备可按非瓦斯工区配置。 （2）低瓦斯工区、高瓦斯工区、岩（煤）与瓦斯突出工区电缆、电缆连接及敷设等应采取防爆措施，微瓦斯工区的电缆、电缆连接及敷设等可不采取防爆措施。 （3）瓦斯工区内的瓦斯地层施工完成前，电气设备应按最高瓦斯工区类别配置；当全部瓦斯地层施工完成后，后续的电气设备可按检测评定结果配置。

续上表

作业要点	（4）瓦斯工区内使用的防爆电气设备，除日常检查外，尚应定期检查维护。瓦斯工区内不得带电检修电气设备。 （5）瓦斯工区内各级配电电压和各种机电设备额定电压等级应符合下列规定： ①高压不大于10kV，低压不大于1140V。 ②照明、信号、电话和手持式电气设备的供电额定电压，低瓦斯工区不应大于220V，高瓦斯工区、岩（煤）与瓦斯突出工区不大于127V。 ③远距离控制线路的额定电压和手灯等移动式照明灯具电压不大于36V。 （6）瓦斯工区电气设备使用应符合下列规定： ①当不得不使用非防爆型光电测距仪及其他有电源的设备时，在仪器设备20m范围内瓦斯浓度应小于1.0%。 ②应检查专用供电线路、专用变压器、专用开关、瓦斯浓度超限与供电的闭锁、风机与供电的闭锁等设备。 ③供电线路应无明接头、接头连接不紧密或散接头等失爆情况，应有齐全的漏电保护装置、接地装置、防护装置等，且电缆悬挂整齐

15.6.4 供电设置要求

作业要点	（1）高瓦斯工区和岩（煤）与瓦斯突出工区供电应配置两路独立电源，且任一路电源线上均不得分接隧道以外的任何负荷。不能配置两路独立电源而采用单回路供电时，应配备满足一级负荷供电的备用电源，并在公用电网断电10min内启动。隧道洞内电源线路上不得装设负荷定量器等各种限电断电装置。 （2）由洞外中性点直接接地的变压器或发电机不得直接向瓦斯工区内供电。瓦斯工区内的配电变压器中性点不得直接接地。 （3）瓦斯工区内不得使用油浸式高低压电气设备，如油断路器、带油的起动器和一次线圈为低压的油浸变压器。 （4）电气设备均不应超过额定值运行，隧道内高压电网单相接地电容电流不应超过10A。 （5）瓦斯工区内供电的高、低压馈电线上不得装设自动重合闸装置。 （6）瓦斯工区应设风电闭锁。 （7）容易碰到的、裸露的电气设备及机械外露的转动和传动部分，应加装护罩或遮拦等防护设施。 （8）洞外地面变电所高压馈电线上应装设有选择性的单相接地保护装置；供洞内移动变电站的高压馈电线不得单相接地运行，应装设有选择性的动作于跳闸的单相接地保护装置。当发生单向接地时，应立即切断电源。

续上表

作业要点

（9）洞内低压馈电线上，应装设能自动切断漏电线路的检漏保护装置或有选择性漏电保护装置。

（10）瓦斯隧道供电及照明设备要求见下表

瓦斯隧道供电及照明设备要求

名　　称	微　瓦　斯	低　瓦　斯	高　瓦　斯
矿用电缆	×	√	√
矿用变压器	×	√	√
矿用真空开关	×	√	√
防爆接线盒	×	√	√
防爆插座	×	√	√
防爆照明灯	×	√	√
照明综合保护器	×	√	√

注：√表示必须，×表示非必须。

参考图片

矿用电缆

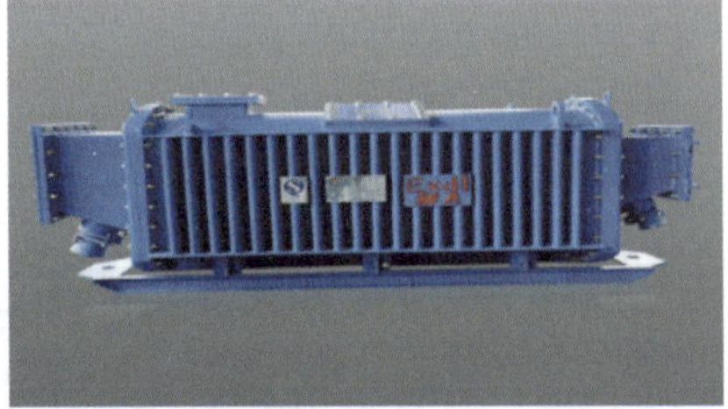

矿用变压器

矿用真空开关

防爆接线盒

防爆插座

15.6.5 瓦斯隧道通风设备与设施要求

<table>
<tr>
<td>作业要点</td>
<td>（1）瓦斯工区通风设备的布置及安装应满足下列规定：
①洞外通风机应设在洞外新鲜风流中，洞内送风风机应布设在进风通道的新鲜风流中，且供给新鲜风量应大于洞内通风机的吸入风量，风机距回风排污口的距离不小于30m。
②应有一套同等性能的备用通风机，并保持良好的使用状态，备用通风机应能在10min内启动。
③通风机应设两路电源，并装设风电闭锁装置，当一路电源停止供电时，另一路应在10min内接通。
④低瓦斯工区、高瓦斯工区及岩（煤）与瓦斯突出工区内使用的局部通风机、射流风机均应采用防爆型，高瓦斯工区及岩（煤）与瓦斯突出工区应采用专用变压器、专用开关、专用线路、风电闭锁和甲烷电闭锁。
⑤风管应具有抗静电、阻燃性能，其直径不宜小于1.2m。风管送风口距开挖面不宜大于10m，风管安装应平顺，接头严密，百米漏风率不得大于2%。
⑥地面、洞内通风机均应设钢梁（横）支架，以保持风筒悬挂平直；支架应稳固、结实，避免运行中摆动。
⑦通风机前、后10m范围内不得堆放杂物，通风机进口应设置铁网，以防异物被吸入。
⑧风筒紧靠隧道侧壁挂设，吊挂高度2~2.5m，应做到平、稳、直，无扭曲和褶皱。
⑨横通道转弯、下穿台车等处时应使用弯筒转弯，做到缓慢转弯，避免转死弯，弯管平面轴线的弯曲半径不得小于风筒直径的3倍。
⑩当外径不同的通风机与风筒连接安装时，或外径不同的风筒连接时，应采用渐变段过渡、先大后小，渐变段长度以3~5m为宜，以降低局部阻力。
⑪为保证地面主要通风机连续运转，至少每月检查1次通风机。
（2）对塌腔、衬砌模板台车等瓦斯易积聚处采用局部通风处理时，应配备同等性能的备用通风机。
（3）采用巷道式通风时，除用作通风联络道的横通道外，其他横通道应封闭；运输用的横通道应设两道双向闭锁风门，防止风流短路。
（4）风门设施技术要求：
①风门前后5m范围内支护完好，门墙厚度不小于0.45m。
②风门结构严密，门框与门扇之间有胶皮等柔质衬垫，以减少漏风；安设门框的墙体两帮、顶底需掏槽，掏槽深度不小于0.3m，可用砖、料石或混凝土砌筑，墙体外抹砂浆，防止墙体漏风。
③风门应迎风流开启，向关门方向倾斜80°~ 85°，应具有自动关闭功能。
④风门要求设置2道以上，间距不小于5m。</td>
</tr>
</table>

续上表

作业要点	（5）密闭设施技术要求： ①密闭前后5m范围内支护完好，密闭墙厚度不小于0.8m，两帮、顶、底需掏槽，掏槽深度不小于0.3m。 ②密闭墙需用不燃性材料（砖、料石或混凝土）构筑，墙体外抹砂浆，无裂隙，防止墙体漏风。 ③密闭前无有毒、有害气体积聚。 ④密闭前设置栅栏、警示标识和说明牌板。 （6）测风站设施技术要求： ①测风站前后10m范围内断面无变化，无障碍物。 ②测风站周壁应为光滑平面。 ③测风站长度不小于4m。 ④测风站有明显标志，并悬挂测风记录板，标明检测人员、风速和时间等内容。 ⑤测风站距隧道洞口、横通道、洞室距离不应小于30m
参考图片	 洞外通风机布设

15.7 瓦斯隧道相关人员要求

作业要点	（1）建立健全安全管理组织机构，项目经理部和工区施工队均成立安全管理领导小组，并建立安全施工生产责任制。 （2）项目经理部设安全管理机构，负责项目工程段的安全、环水保工作。 （3）增设1名（通风）副总工程师分管“一通三防”工作。 （4）各施工队增设1名通风瓦斯专职安全管理人员，负责本施工队的通风瓦斯管理工作。

续上表

<table>
<tr><td>作业要点</td><td>（5）各工班设兼职通风瓦斯管理员，负责施工现场的通风瓦斯管理工作。
（6）爆破工、瓦检员、电工、电焊工、监测监控员、电气设备防爆检查工等特种作业人员，必须经过专门机构培训，取得相关安全资格证，并持证上岗</td></tr>
<tr><td>参考图片</td><td>瓦检员</td></tr>
</table>

15.8 瓦斯隧道相关制度要求

作业要点

为强化施工管理，项目部必须制订安全生产管理制度、操作规程和安全生产责任制等，见下表。

瓦斯隧道相关制度一览表

序号	制 度 项	制度名称
1	安全生产管理制度	安全生产教育与培训制度
2		安全事故报告制度
3		安全交底制度
4		各类机械安全作业制度
5		用电安全制度
6		起重作业安全制度
7		安全生产检查制度
8	通风管理制度	施工通风管理制度
9		通风技术管理制度
10		主要通风机管理制度
11		局部通风机管理制度
12		通风设施管理制度
13		通风安全监控管理制度
14		测风管理制度

续上表

作业要点	序号	制度项	制度名称
作业要点	15	通风管理制度	通风安全仪器仪表管理制度
	16		隧道瓦斯检查制度
	17		瓦斯检测员交接班制度
	18		瓦斯检查报表制度
	19		监控室管理制度
	20		隧道贯通管理制度
	21		爆破作业安全管理制度
	22		综合防尘管理制度
	23		防灭火管理制度
	24		隧道内动火作业审批制度
	25	岗位责任制和操作规程	监控值班人员岗位
	26		通风管理员岗位
	27		瓦检员岗位
	28		爆破工岗位
	29		测风员岗位
	30		监测监控员岗位
	31	安全管理规定和措施	通风管理措施
	32		局部通风管理措施
	33		调风安全管理措施
	34		瓦斯管理措施
	35		“三人连锁爆破”管理规定
	36		“一炮三检”安全管理规定
	37		防尘管理措施
	38		防火管理措施
	39		爆炸材料管理措施
	40		瓦斯排放处理措施
	41		巷道贯通的安全措施
	42		计划性停电检修安全措施
	43		突发性停电停风安全措施

续上表

<table>
<tr>
<td>参考图片</td>
<td>
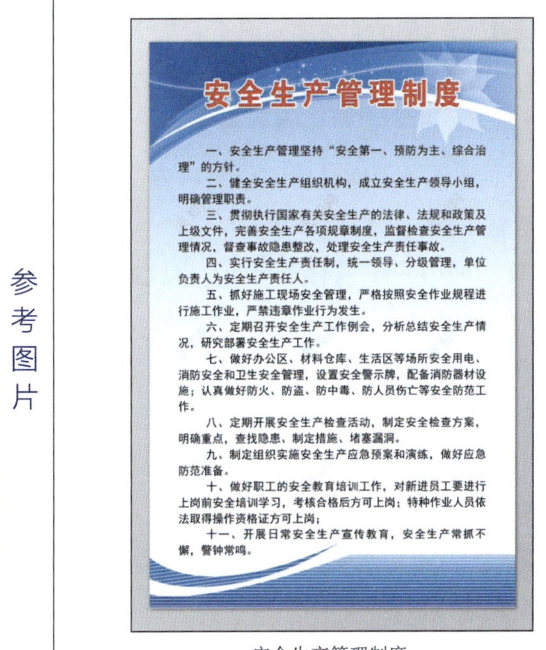

安全生产管理制度

一、安全生产管理坚持“安全第一、预防为主、综合治理”的方针。
二、健全安全生产组织机构，成立安全生产领导小组，明确管理职责。
三、贯彻执行国家有关安全生产的法律、法规和政策及上级文件，完善安全生产各项规章制度，监督检查安全生产管理情况，督查事故隐患整改，处理安全生产责任事故。
四、实行安全生产责任制，统一领导、分级管理，单位负责人为安全生产责任人。
五、抓好施工现场安全管理，严格按照安全作业规程进行施工作业，严禁违章作业行为发生。
六、定期召开安全生产工作例会，分析总结安全生产情况，研究部署安全生产工作。
七、做好办公区、材料仓库、生活区等场所安全用电、消防安全和卫生安全管理，设置安全警示牌，配备消防器材设施；认真做好防火、防盗、防中毒、防人员伤亡等安全防范工作。
八、定期开展安全生产检查活动，制定安全检查方案，明确重点，查找隐患、制定措施、堵塞漏洞。
九、制定组织实施安全生产应急预案和演练，做好应急防范准备。
十、做好职工的安全教育培训工作，对新进员工要进行上岗前安全培训学习，考核合格后方可上岗；特种作业人员依法取得操作资格证方可上岗；
十一、开展日常安全生产宣传教育，安全生产常抓不懈，警钟常鸣。

安全生产管理制度

瓦检员岗位责任制

编制：

日期：

瓦检员岗位责任制
</td>
</tr>
</table>

15.9 瓦斯隧道安防设施要求

<table>
<tr>
<td>作业要点</td>
<td>
（1）低瓦斯工区宜建立瓦斯自动监测系统，高瓦斯工区和岩（煤）与瓦斯突出工区应建立瓦斯自动监测系统。实施瓦斯电闭锁、风电闭锁，对地面通风机实施风电闭锁。

（2）瓦斯隧道宜建立人员定位管理系统。在隧洞内重点区域出/入口等地点设置分站、人员定位识别器，所有人员进隧道均需佩戴识别卡，以便监测定位携卡人员位置。

（3）瓦斯隧道应建立门禁管理系统。通过在隧道洞口区域设人员/车辆门禁通道系统，设置值班室并配备值班人员，以便有效管理人员、车辆进出，禁止携带违禁用品进入施工区域。

（4）瓦斯隧道应设应急广播系统，洞内主要作业点、人员集中地设置矿用本质安全型扩（播）音箱，主要用于播放音乐、通知、应急广播。

（5）瓦斯隧道宜建立通信联络系统。洞内作业人员应配备防爆型对讲机，主要作业点设置固定电话，在洞内作业区、洞外调度室、值班室内等地方建立通信联络系统，以满足工作、应急救灾状态下的通信联络。
</td>
</tr>
</table>

续上表

<table>
<tr><td>作业要点</td><td>（6）掌子面附近应设置应急逃生通道。在隧道开挖掌子面至衬砌之间，设置逃生救援通道，随着开挖进尺不断前进，逃生管道起点为最新施作好的衬砌以内，且距衬砌端头不小于5m处，从衬砌工作面布置至距离开挖面5m以内的适当位置，管道沿着初期支护的一侧向掌子面铺设，管内预留工作绳，方便逃生、抢险、联络和传输各种物品，以防止隧道施工中发生坍塌封堵。
（7）瓦斯隧道应建立压风自救系统。采用“压风自救装置+自救器+避灾线路”紧急避险方案，为灾变期间所有洞内作业人员逃生提供压风供气。在洞口地面场地设置空气压缩站，通过压风管路将压缩空气输送至洞内掌子面及各作业地点。压风管路每100m安设出风口及减压装置，与防尘管路出水口错开，形成每50m有一个出水口或出风口，并在掌子面及各作业地点附近的压风管路上安设压风自救装置，供洞内发生瓦斯、火灾等紧急情况时人员自救使用。
（8）瓦斯隧道应建立供水施救系统。在设有供水管道的隧道内每隔100m设置一个支管阀门，直至敷设至掌子面等作业地点。
（9）进入岩（煤）与瓦斯突出工区的作业人员必须随身携带隔绝式自救器。
（10）高瓦斯、岩（煤）与瓦斯突出工区应与专业矿山救护队建立联系。
（11）瓦斯段必须在洞外设置消防水池和消防用砂，水池中应经常保持不小于200m^{3}储水量，保持一定的水压。瓦斯段内必须设置消防管路系统，并每隔100m设置一个阀门（消火栓）。采用加压泵加压供水时，应确保洞内各供水点的出水压力不低于0.3MPa。作业区内应设置灭火器及消防设施，并经常保持良好状态。
（12）编制瓦斯隧道事故应急救援预案，配置安全防护用品、应急救援物资，定期演练预案。
（13）当瓦斯隧道发生瓦斯灾害事故时，禁止非矿山救护队员进入隧道施救，应及时向矿山救护队联系，请求救护支援，同时上报各级主管部门，报告瓦斯灾害事件，不准隐瞒不报</td></tr>
<tr><td>参考图片</td><td>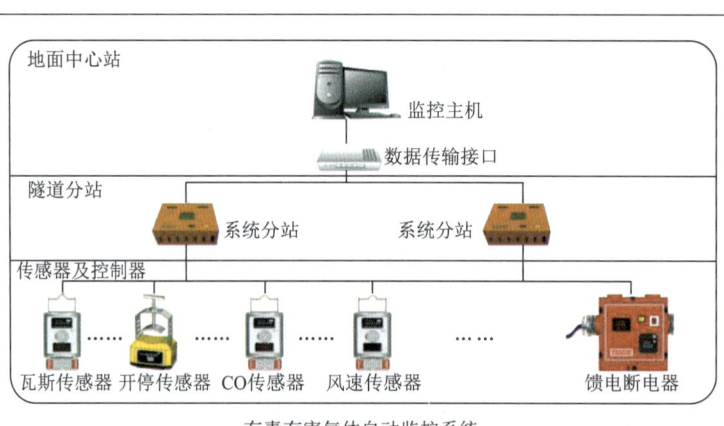

有毒有害气体自动监控系统</td></tr>
</table>

续上表

参考图片

隧道人员安全管理系统

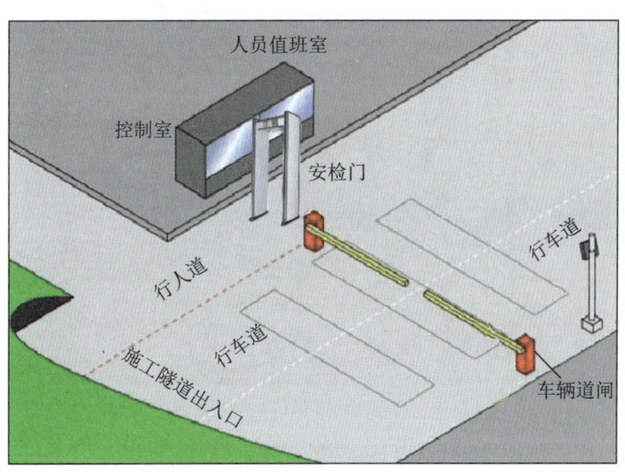

人员车辆门禁系统

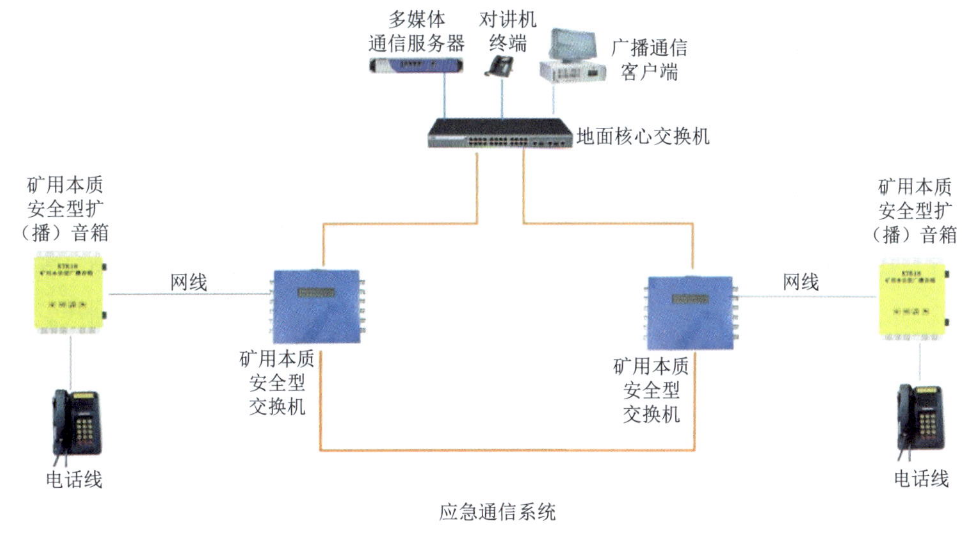

应急通信系统

续上表

参考图片

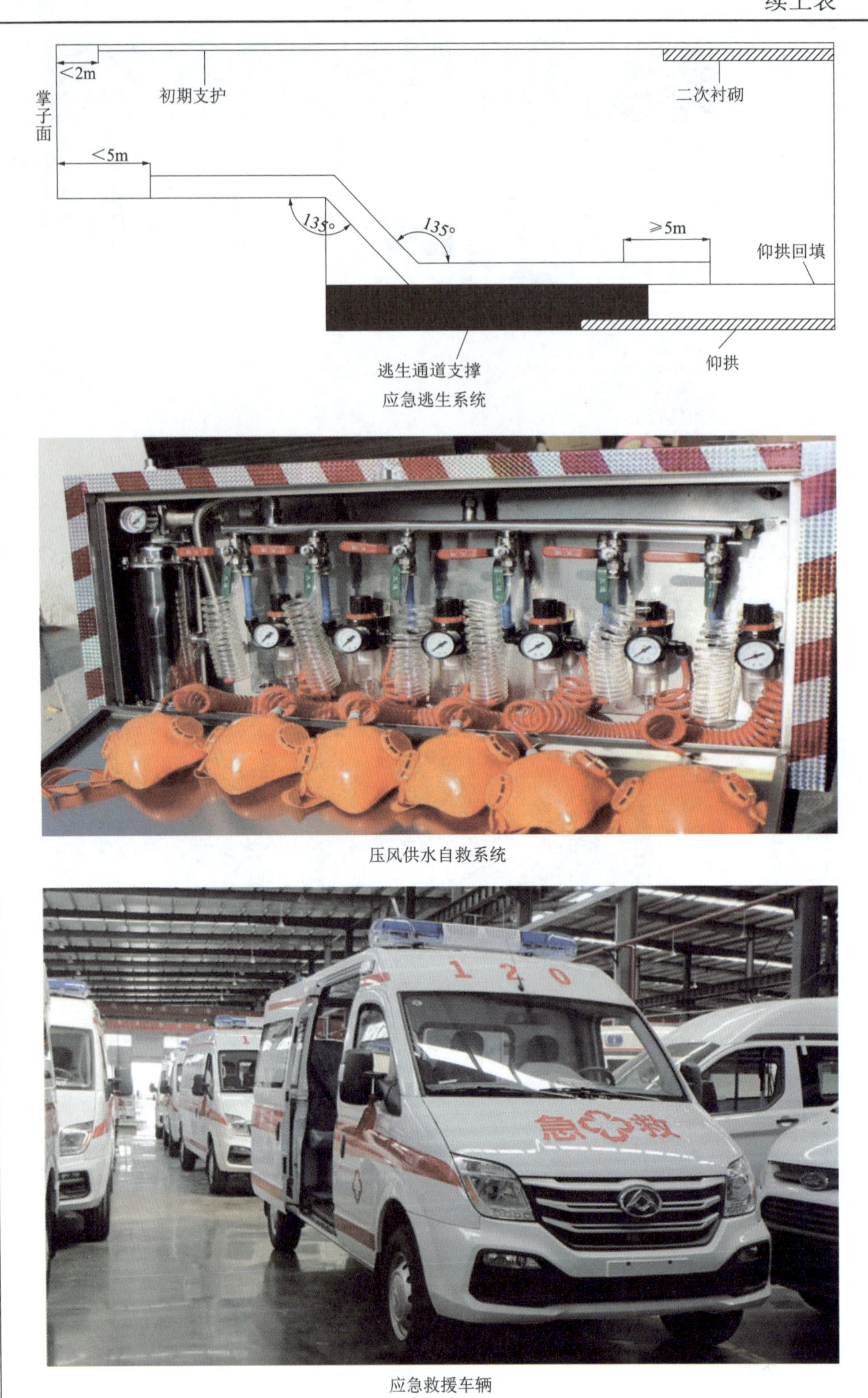

应急逃生系统

压风供水自救系统

应急救援车辆

16 连拱隧道施工

<table>
<tr><td>作业要点</td><td>

（1）连拱隧道是指两洞室无中间岩柱，两洞室结构共用中壁墙的一种隧道整体式隧道。

（2）连拱隧道开挖时应考虑其埋深浅、跨度大、地质条件复杂、偏压和地表水影响等因素，制订专项施工方案，确定开挖方法，采取有效的超前预支护加固措施。

（3）开挖过程中应及时做好洞内排水设施，洞内临时排水沟距边沿距离应大于500mm。

（4）钻爆法施工应采用控制爆破技术，减轻爆破对围岩的扰动，中导洞不得作为爆破临空面。

（5）连拱隧道开挖应先贯通中导洞、浇筑中隔墙，然后依次开挖主洞，主洞上拱部开挖应在中隔墙混凝土达到设计要求的强度后进行。

（6）中隔墙施工应符合下列规定：

①基础底面应清扫干净，无水、无石渣。地基承载力应符合设计规定。

②墙身内预埋件、排水管等应固定牢固，位置准确，并加强保护。

③中墙顶部与中导洞顶部应回填密实、紧密接触。

④宜采用定型钢模板。

（7）正线隧道拱部开挖宜采用环形开挖法，并及时进行支护，一侧正洞先行开挖支护，另一侧正洞滞后2倍洞径开挖支护。

（8）应监测连拱隧道中隔墙的位移，并应及时对中隔墙加设水平支撑，后开挖隧道一侧的中隔墙和主洞之间的空隙应回填密实或支撑稳固。

（9）正洞初期支护支点作用于中隔墙顶面时方可拆除中导洞临时支护，完成受力体系转换。

（10）衬砌采用先墙后拱法施工，衬砌与初期支护距离控制在1倍洞径以内。

（11）连拱隧道监控量测应符合下列规定：

①连拱隧道监控量测包括先行洞、后行洞、中隔墙。

②应对先行洞掌子面至后行洞衬砌范围内进行重点监控量测。

③应加强对中墙顶部和底部水平位移的监控量测

</td></tr>
<tr><td>参考图片</td><td>

连拱隧道

</td></tr>
</table>

17 小净距隧道施工

作业要点	（1）小净距隧道施工应结合中夹岩厚度、围岩条件、地下水水量及分布情况、埋深、有无偏压等制订专项施工方案，重点考虑减小对中夹岩的扰动、保持中夹岩的稳定、缩短中夹岩处于不利状态的时间，必要时需对中夹岩进行加固。 （2）爆破施工宜采用光面爆破技术，并应采用低威力、低爆速炸药，相邻爆破分段起爆间隔时间宜不小于100ms，爆破时另一洞内作业人员也应撤离。 （3）先行隧道可按照单洞隧道施工，后行隧道开挖前必须进行超前支护，且应根据围岩情况先加固中岩墙，极软弱围岩段应加固两隧道相邻侧拱架基础。 （4）两隧道工作面应错开施工，先行洞与后行洞掌子面错开距离应大于30m，严格控制爆破振动。 （5）小净距隧道应尽早封闭初期支护、尽早浇筑仰拱。 （6）小净距隧道监控量测应符合下列规定： ①后行洞开挖时，宜对先行洞相应断面前后1倍隧道单洞开挖宽度范围内进行重点监控量测。 ②应加强对中夹岩的监控量测。 （7）衬砌宜在围岩变形基本稳定后进行，宜落后于后行掌子面2倍隧道开挖宽度以上，且满足初期支护变形速率规定值要求
参考图片	 小净距隧道

18 浅埋偏压隧道施工

<table>
<tr><td>作业要点</td><td>（1）浅埋段地表冲沟、陷穴、裂隙等应回填夯实、砂浆抹面或注浆加固处理，防止地表水渗入。
（2）浅埋段围岩自稳能力弱，可采用地表锚杆、超前小导管、管棚、注浆等措施加固围岩。
（3）根据围岩及周边环境条件，宜采用分部法开挖，围岩的完整性较好时宜采用台阶法开挖。
（4）偏压隧道施工前，应根据地形、地质及土压情况对偏压段进行平衡和加固处理。
（5）偏压隧道应加强支护，每次开挖进尺不应超过1榀钢架间距。
（6）浅埋段应加强地表沉降、拱顶下沉及周边位移监控量测</td></tr>
<tr><td>参考图片</td><td>
浅埋偏压隧道</td></tr>
</table>

19 不良地质段隧道施工要点及案例

19.1 断层破碎带隧道施工要点及案例

施工要点	1）断层破碎带施工前 （1）破碎围岩带隧道施工前，应采用超前探测手段，了解前方的地质情况（包括断层产状、位置、宽度、断层性质、物质组成等要素），对围岩稳定进行分析判断，经过技术、经济、环境保护等指标的对比后，确定处理和开挖方案。 （2）隧道内断层破碎带临近的前兆： ①节理组数急剧增加，可多达6~12组。 ②岩层牵引褶曲、牵引褶皱的出现。 ③由弧形节理组成的小型帚状构造或反倾节理的出现。 ④岩石强度的明显降低。 ⑤压碎岩、碎裂岩、断层角砾岩等的出现。 （3）破碎围岩带隧道施工宜选用超前注浆加固、超前小导管、超前大管棚等辅助工程措施。 （4）在隧道掌子面自稳性差、掌子面开挖可能坍塌、拱顶掉块时，可采用封闭开挖面、超前锚杆支护、超前小导管支护、超前管棚支护、超前水平旋喷加固等措施。 2）断层破碎带施工 （1）在断层破碎带隧道施工中，需要采取特殊的隧道开挖方法和支护技术，根据开挖技术和支护方法的具体情况，准备相应的机械设备和原材料。 （2）双车道隧道和多车道隧道宜采用中隔壁法或双侧壁导坑法开挖。 （3）应采取超前支护措施，保障开挖工作面的稳定。 （4）初期支护应尽早封闭成环。 3）断层破碎带施工异常处理 （1）隧道开挖掌子面出现垮塌、溜坍、掉块涌水、突泥、流砂等危及施工安全生产的迹象时，应在保证作业人员安全的条件下及时封闭掌子面。 （2）掌子面垮塌时，总体施工原则为“强加固、短清渣、快支护、实回填、勤测量”，对于小塌方可直接进行塌体处理，对于塌方影响范围较大的分为初期处理和塌体处理两部分，并全程做好加密监测工作，利用数据反馈指导施工。

续上表

施工要点	①初期处理。 封闭塌体面，对塌方露出的新岩面挂网喷射混凝土，防治岩体继续塌落；必要时对塌方体实施注浆固结或设置混凝土封堵墙；设置临时支撑，稳定塌方空腔；处理塌方影响段内侵限的初期支护，采用注浆加固、拆换变形拱架、架设锚杆等措施；若塌方通顶，还需在地表修建截排水设施，阻止地表水对塌方体的影响。 ②塌方体处理。 加强超前支护，增设大管棚或双排小导管；利用人工或挖掘机进行预留核心土台阶法开挖，并及时施作初期支护；利用回填料对塌腔进行回填，并尽早施作衬砌通过
参考案例	1）工程概况 太白山隧道左洞全长5259m，右洞全长5277m，最大埋深为486m，断层9条，断层及其影响带的岩性破碎，围岩主要为压碎岩、斜长角闪岩、石墨大理岩，岩体节理裂隙发育。预测总体涌水量可达25433.2m^3/d。 2）施工方法 根据该段围岩的特殊性，采用“环形开挖预留核心土法”施工开挖该段断层破碎带，各段之间保持有效的安全距离和无干扰距离，每循环进尺长度为0.5~1m。隧道穿越断层时严格按隧道穿越断层施工流程组织施工。 （1）超前地质预报 采用地质雷达对前方20~40m围岩地质进行探测，通过长短结合的方法对前方围岩进行综合判定，确保断层位置。当开挖到达预测断层结构面的15~20m时，使用卧式地质钻探机提前钻探，准确确定断层的位置和断层中充填物的性质、富水条件和水压，确定涌水的可能性，制订相应可行的技术措施。采用超前钻孔、地质雷达进行联合地质预报，为安全穿越断层带提供第一手资料。 （2）超前预支护 当岩层进入断层破碎带，采用直径76mm×6mm（壁厚）的中管棚作为施工辅助措施，对断层带、断层影响破碎带围岩进行超前预加固。初期支护采用I20a工字钢，拱架间距为60cm，采用26cm厚喷射混凝土，系统锚杆全部采用直径50mm×4mm（壁厚）注浆小导管，环向间距为40cm，长度4.5m，锁脚采用直径76mm×6mm（壁厚）的中导管。 （3）开挖作业 ①拱部环形开挖。距开挖拱顶的核心土高度应控制在1.5m左右，并按照环形开挖面积的50%来控制核心土的横截面，方便人员操作；环形开挖高度控制在3.5~4m；开挖循环进尺宜按照2榀钢支撑距离进行控制，一般为0.5~1m。

续上表

参考案例	②拱部核心土开挖。 ③侧墙开挖。根据围岩地质差异情况，先开挖地质条件较差一侧，保证开挖面左右错开，错开距离应为3~5m；单侧一次开挖进尺不大于1.5m，宜按照2榀钢支撑间距控制；开挖作业宽度为1.5~2m，中部暂留核心土。 ④开挖中部核心土。 ⑤开挖仰拱，全幅开挖。 （4）注浆堵水 施工过程中，根据不同渗漏水情况采用全断面帷幕注浆、全断面周边注浆及局部断面注浆等不同的加固方法
参考图片	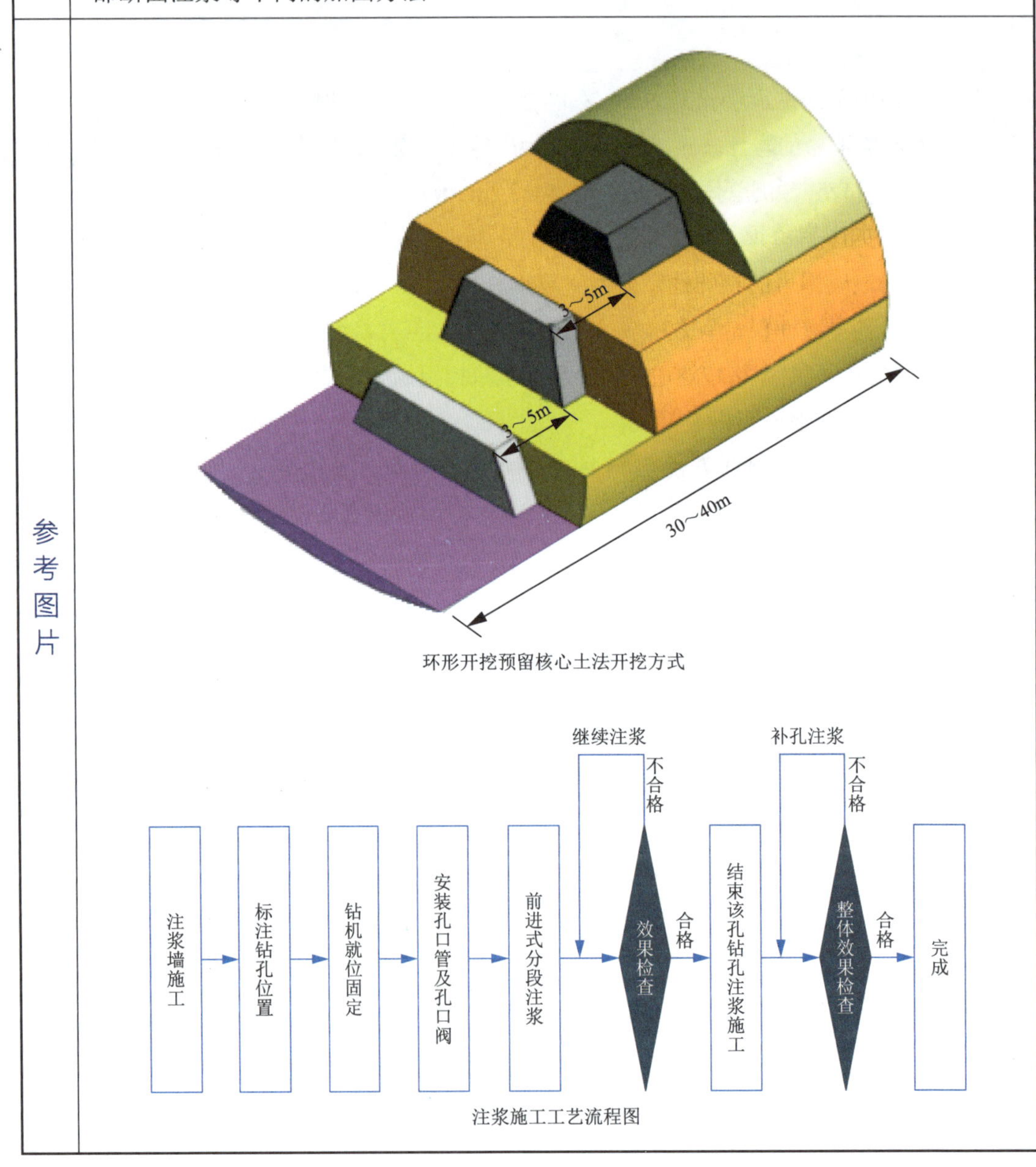 环形开挖预留核心土法开挖方式 注浆施工工艺流程图

19.2 富水带隧道施工要点及案例

<table>
<tr><td>施工要点</td><td>（1）富水带施工前
①隧道通过富水地层前，应采用超前探测手段，判明地下水体位置、规模、流向、补给条件等，了解前方的地质、地下水情况，经过技术、经济、环境保护等指标的对比后，制订防排水方案和防止涌水、突水、突泥的安全措施。
②富水地层施工前，根据超前探测结果，结合围岩岩性、构造、断裂系统及水文地质参数等进行突涌水预测，判断前方地层开挖后的自稳能力以及突涌水（泥）的可能。
③隧道开挖前方地下水必须排放时，可采用超前钻孔排水或开挖泄水洞排水等方式排放。
（2）富水带施工
①富水围岩隧道施工宜选用超前注浆加固、注浆堵水、钻孔引排等辅助工程措施。
②富水围岩隧道开挖应采用先治水、加固，后超前支护、再开挖的施工顺序。
③隧道周边局部渗漏水时，可采用局部径向注浆；周边大面积渗漏水时，可采用全断面径向注浆；对高压、大涌水量的富水区可采用全面段帷幕注浆堵水。
④长大反坡地段可采用固定泵站和移动泵站相结合的排水方式。
（3）突涌水（泥）处理措施
①突然遇到大面积渗漏水时，应即令工人停止工作，撤至安全地点；同时应对出水部位、水量大小、变化规律、水的浑浊程度等进行观测记录，采取必要的防护措施，并及时上报。
②在开挖作业过程中发生特大突涌水，开挖工作面人员应立即沿逃生路线迅速向洞外或避难所撤离，同时启动报警系统，发出警报信号，迅速切断电源，启动应急照明；当涌水量较大时，人员可利用事先准备的救生圈、皮划艇等进行逃生。
③对遇险、受伤人员组织急救。
④突涌水保持稳定后，利用大功率抽水设备进行排水。
⑤在涌水量及水压降低后对机械设备进行急救。
⑥采取必要的措施对突涌水进行封堵及事故处理</td></tr>
</table>

续上表

<table>
<tr><td>参考案例</td><td>

（1）工程概况

黄沙岭特长公路隧道左洞长3979m，右洞长4017m，隧道设计为双向六车道分离式，隧道穿越黄沙岭山区为流水切割中山地貌，海拔高程770~1120m，沟梁相间，地形起伏较大，隧道区域最大高差350m，隧道最大埋深311m。

隧道地下水主要有第四系松散岩类孔隙水、碎屑岩类孔隙—裂隙水、碳酸盐岩裂隙—岩溶水和基岩裂隙水，含水量丰富，地下水因受岩性、构造及地形条件的控制，地下水面随地形起伏，分布复杂。黄沙岭隧道洞身围岩地质复杂，地下水源丰富，龙头水库位于K107+008~K107+310范围内，距主线平面距离100m，高差18m，水库蓄水面积约10000m^2，蓄水量约80000m^3。

（2）堵水措施

隧道穿越水库富水段及断层破碎带段落采用直径50mm×5mm（壁厚）小导管注浆堵水，小导管在初期支护完成后拱墙设置，径向垂直岩面打设，与系统锚杆纵向错开布置，环向间距100cm，纵向间距160cm。注浆材料采用水泥-水玻璃双液浆，水泥为425普通硅酸盐水泥，水泥浆与水玻璃体积比采用1：0.25。

（3）防水措施

①隧道内防水层采用乙烯-醋酸乙烯共聚物（EVA）防水卷材＋无纺布，防水卷材厚1.2mm，采用热风双焊缝施工工艺，无纺布规格为350g/m^2。

②根据地下水的水质检验报告，隧道地下水有一定的弱碱性，隧道内衬砌采用耐腐蚀防水混凝土浇筑，混凝土抗渗等级不低于P8。

③隧道施工缝处设置遇水膨胀橡胶止水带和背贴式止水带，变形缝处设置中埋式橡胶止水带和背贴式橡胶止水带。

（4）排水措施

①开挖时拱部和边墙如有水，在距拱脚1m处人工开挖排水沟，将渗水引出至洞外。

②隧道中部路面以下设置90cm×90cm矩形中心排水沟，作为隧道内纵向排水主沟。

③隧道路面左右两侧设置圆形路侧暗边沟，以排泄路面积水及隧道清洗水。

④隧道衬砌后设置ϕ160mm有孔双壁波纹管，通过25cm×30cm横向盲沟（纵向间距12.5m）将地下水引排至中心排水沟内。

⑤隧道内基岩及初期支护表面渗水位置设置ϕ140mm环向半圆排水钢管（间距12.5m），将水流引流至ϕ160mm有孔双壁波纹管内

</td></tr>
</table>

续上表

参考图片	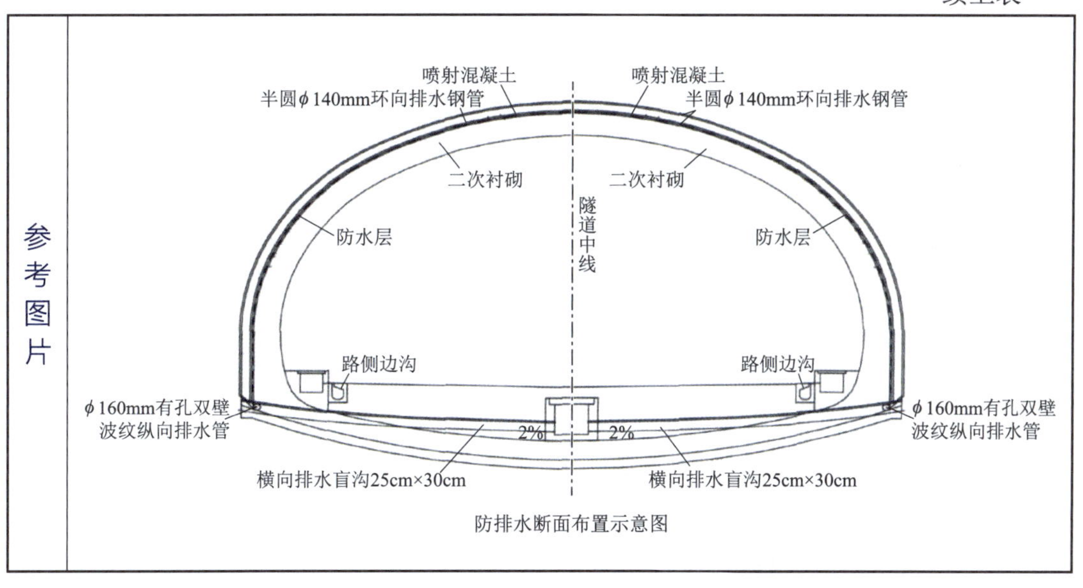 防排水断面布置示意图

19.3 岩溶段隧道施工要点及案例

施工要点	1）溶洞揭示前 （1）岩溶地区隧道施工前，应结合地质勘察资料，采取综合超前地质预报手段，探清岩溶发育规模、溶洞分布、岩溶充填、地下水及其流向等情况，核实岩溶与隧道空间位置关系等。探测精度应满足工程施工需要。 （2）对隧道安全施工有影响的岩溶，应制订施工处治方案，配备应急处治物资、设备和器材。 （3）岩溶地区隧道在接近溶洞时，开挖施工应符合下列规定： ①宜采用分部开挖，当溶洞出现在隧道一侧，应先开挖该侧，待初期支护完成后，再开挖另一侧。 ②应严格控制开挖循环长度，每循环炮孔钻孔宜多打眼、打浅眼。 ③掌子面应有不少于5个加深探测炮孔。加深探测炮孔深度宜比装药炮孔深3m以上，直径宜与装药炮孔相同；不得在爆破残留孔中打设加深探测炮孔。 ④应严格控制单段最大爆破药量，控制爆破振动。 2）溶洞揭示后 （1）空溶洞揭露后，应进一步勘测溶洞规模、溶腔大小、溶腔分布、与隧道准确位置关系，查明地下水流向，判断溶腔稳定性、溶腔地下水影响等，并应做好施工记录。

续上表

施工要点	（2）揭露的暗河通道处治应符合下列规定： ①应查明暗河水源流向及其与隧道位置关系，调查暗河丰水期流量。 ②应采用适当保护和疏通措施，保持暗河水流畅通。不得阻断原有过水通道，严禁向暗河通道弃渣。 ③隧道上跨暗河时，可采用埋设暗管、修建涵洞或小桥等构造物跨越。 ④暗河通道被隧道截断时，应改移或新建暗河连接通道，暗河连接通道断面的过水能力应满足丰水期过水需要。 ⑤暗河位置在隧道顶部或高于隧道顶部时，应避开丰水期施工。可采用围岩注浆堵水措施，必要时可采取截流引排措施。 （3）充填溶洞施工应符合下列规定： ①应根据溶洞规模等条件决定是否清理充填物，溶洞规模较大时不宜清理充填物。 ②应采取超前支护和预加固处理措施。 ③应采用分部法开挖。 ④隧道底部承载力不足时，可采用桥梁跨越、换填、打桩等措施。 ⑤应对地下水进行引排、疏导。 （4）溶洞底部沉淀泥沙对隧道构成威胁时，可采取清除、固结、设隔离墙、增设护拱等措施。 （5）短期难于处治的溶洞，可采用迂回导坑绕过溶洞，在处理溶洞的同时进行隧道前方施工。 3）岩溶突水突泥处理措施 （1）施工中遇到岩溶突水突泥时，应迅速撤离工作人员，并根据突水突泥规模启动应急预案，及时上报。 （2）对遇险、受伤人员组织急救，对机械设备进行急救。 （3）采取必要措施处理突水突泥情况，确保隧道结构安全。 （4）针对溶腔进行处理，必要时可采用迂回导坑、辅助坑道等方式，以保证施工进度。 （5）对揭示的溶腔，查明其范围、规模。较大的溶腔，可在衬砌范围外施作钢筋混凝土柱对溶腔顶部进行支顶；隧道底部的溶腔可视其范围、深度等条件，采用桩基、回填、注浆加固、架梁等方案通过。 （6）溶腔内有水补给来源的，要尽可能保护、利用自然的排泄通道，并设置必要的泄水洞，水量不大时，可将水引入隧道内的排水沟

参考案例	（1）工程概况 龙麟宫隧道地处湖北恩施市白果坝镇附近，为双线隧道。隧道全长3420m，最大埋深328m，单面上坡。隧道围岩为寒武系上统中厚层—厚层状灰岩。工程区域内岩溶强烈发育，多见地表岩溶洼地、落水洞、漏斗等岩溶形态，地下发育溶腔、溶槽和白果坝暗河系统，施工地质问题突出，风险高，施工面临巨大挑战。 龙麟宫隧道揭示的岩溶危害主要是干溶腔，部分受地面补给水的影响成过水通道，表现形式主要是垂直发育的溶管、溶槽，水平发育的古暗河通道等大型空腔，充填性溶腔等。为了克服高风险，确保安全、质量、工期，根据溶腔的不同形态以及与隧道位置的相互关系，采取综合地质预报、隧底及周边岩溶地质调查、岩溶的有效处理等措施，收到良好的效果。 （2）溶管溶槽的处理 溶管溶槽的发育规模一般较小，多数为空管，部分受地面补给水的影响，雨天有少量水通过。掘进施工时采用短进尺、弱爆破、初期支护紧跟，并用工字钢架加强支护。对其处理措施主要是封堵及填充；对水的处理主要是引和排。 （3）水平发育横贯隧道的溶腔 此类溶腔在隧道掘进前应先详细勘测，对其影响范围及稳定性进行分析，采取先加固后掘进的方法施工。一般根据地质预报的结果打一个工作通道，进入溶腔并对溶腔进行测量，了解它对隧道的影响范围，同时进行地质调查，对围岩的稳定性进行分析，根据其结果制订加固措施。加固措施一般采取在边墙外砌挡墙进行支顶并封堵，然后再从工作面开始掘进。掘进时采用短进尺、弱爆破、初期支护紧跟，并用工字钢加强支护，如果围岩稳定性差，应超前支护。溶腔的处理措施除采取支顶封堵外，还应预留泄水通道。 （4）充填性溶腔的处理 位于拱部及边墙的充填性溶腔，掘进时超前支护、预加固，同时短进尺、弱爆破、初期支护紧跟、钢架加强支护。如果充填物较少，可清除后按空溶腔处理。位于隧底的充填性溶腔要先探测其范围及充填物的类型，根据探测结果可分别选择用硬质岩渣换填，或者用钢管桩和注浆加固提高承载力，然后再施作钢筋混凝土板梁跨越通过。 （5）巨大型空溶腔的处理 龙麟宫隧道出口揭示了两处巨大型干溶腔，这两处溶腔形态复杂，围岩稳定性差，从揭示到处理都非常困难，对它们的处理也采取了不同的措施。

续上表

参考案例	1号大溶腔位于DK232+467处，该溶腔支洞发育，构造复杂，整体呈倒漏斗形，顶部已露天。溶腔总深约120m，其中隧底以下70m，溶腔长170m，宽70m，该溶腔围岩受节理、裂隙及严重溶蚀的影响，稳定性极差，洞底存在软弱夹层及局部岩溶空洞。 在详细勘探的基础上，经过充分研究，决定采用路基方案，即先清除路肩以上倒悬体并按1：0.3刷坡，坡面用锚杆加固，并挂网喷射混凝土；路肩以下空腔用硬质岩渣分层回填，强夯击实，局部不能压实的地方用混凝土回填。路基上再施作明洞，明洞两侧回填到洞顶以上3~5m用来保护明洞。 2号大溶腔位于DK231+796处，该溶腔为古暗河通道的回水湾，与隧道相交处的岩溶大厅面积约7000m^2，空腔高度8~21m。溶腔顶部为水平岩层，层厚约80cm，层间夹泥，稳定性差。隧底有软弱夹层，局部有岩溶空腔。 由于该溶腔的岩溶大厅顶部岩层极易坍塌，所以处理时先对顶部岩层进行加固，采取的措施是用自进式锚杆锚固，挂网喷射混凝土，同时用ϕ1.4m的钢筋混凝土立柱支顶，使隧道范围内围岩稳定。隧底采用钢管桩并注浆加固，低于路肩高程的空腔采用硬质岩渣回填夯实。空腔加固完成后再施作明洞通过
参考图片	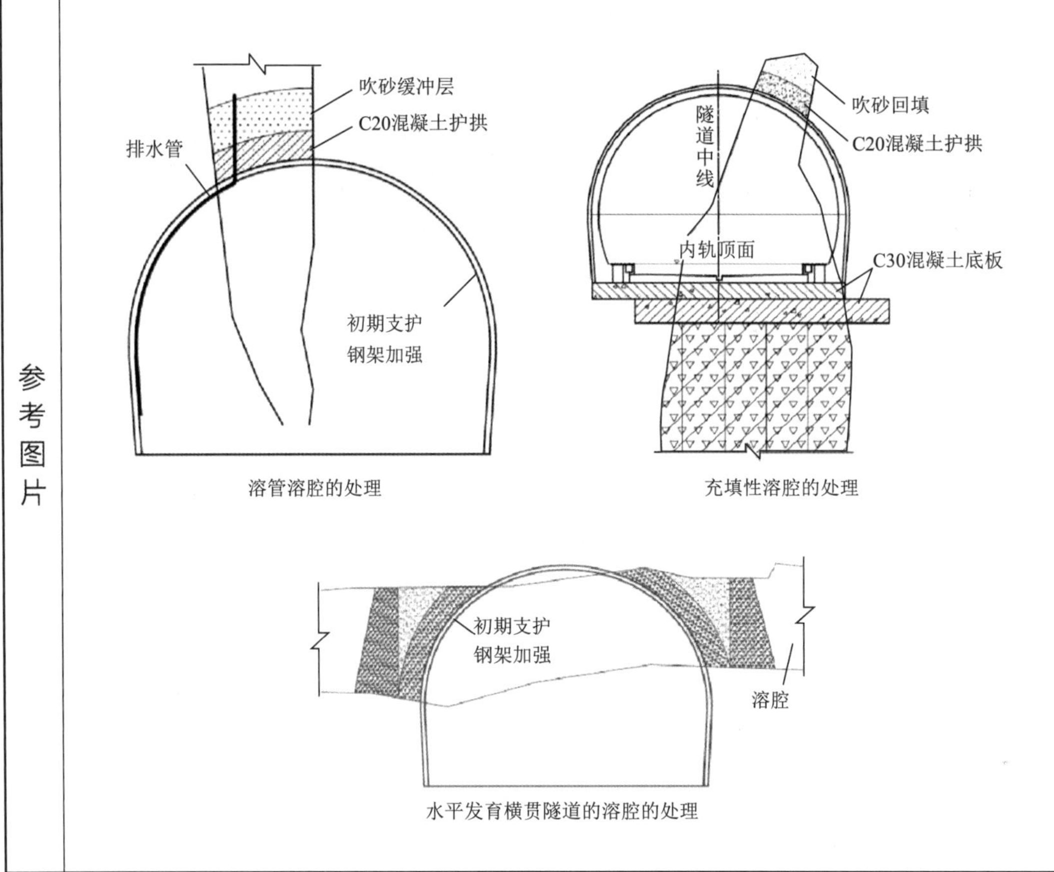

溶管溶腔的处理

充填性溶腔的处理

水平发育横贯隧道的溶腔的处理

续上表

参考图片	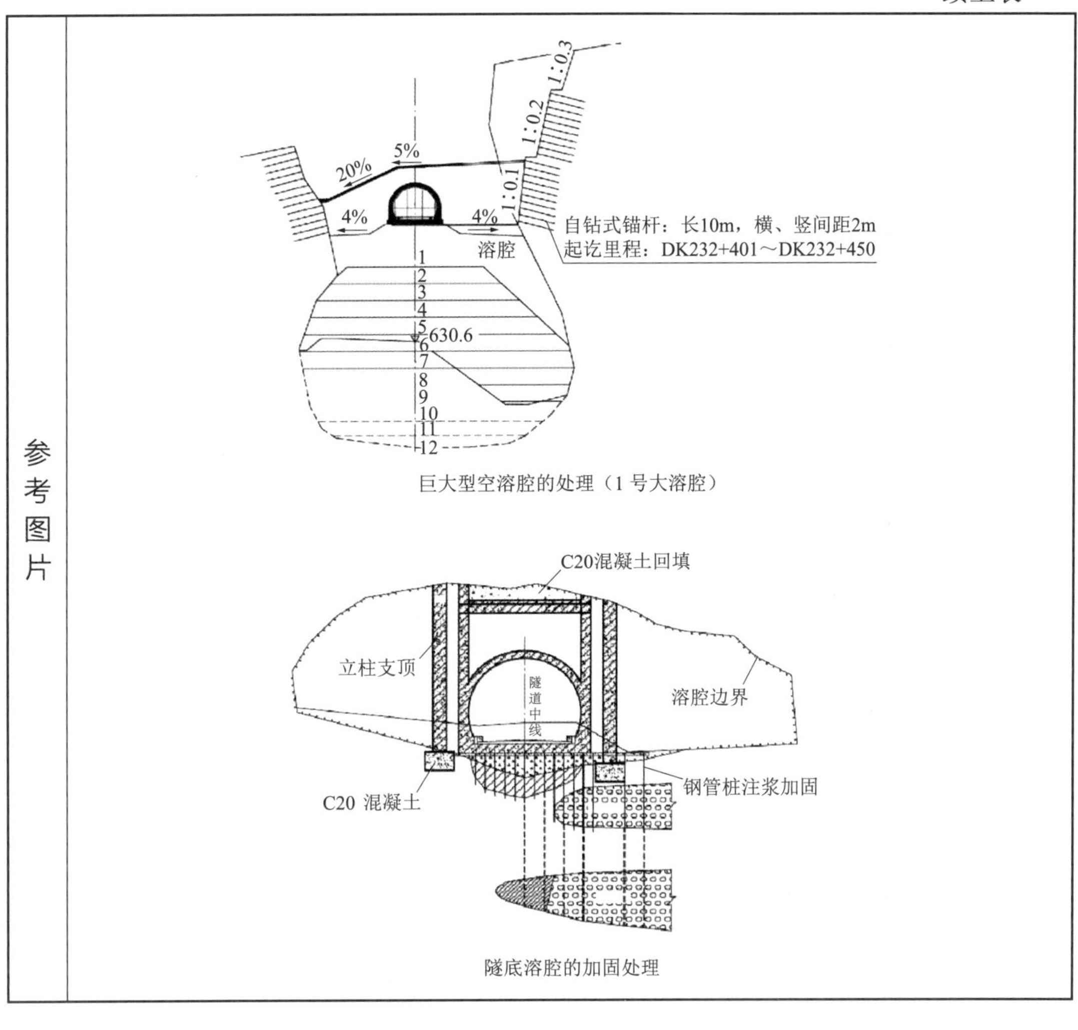 巨大型空溶腔的处理（1 号大溶腔） 隧底溶腔的加固处理

19.4 软弱围岩段隧道施工要点及案例

施工要点	（1）软弱围岩段施工前 ①根据现场洞口地质地貌和开挖掌子面暴露的地质情况，详细进行地质勘察、水文调查、环境调查，对围岩稳定进行分析判断，经过技术、经济、环境保护等指标的对比后，并做出正确的施工方案和加固方案，选择科学合理的工程措施，并做好相应准备。 ②通过地质分析法、超前水平钻孔法、物探法及特殊灾害地质预测方法和手段，判明掌子面前方的水文、地质情况，并根据判断和预报结果提出相应的预防和处理措施。

续上表

<table>
<tr><td>施工要点</td><td>③根据掌握的地质情况及工程类比经验，预测可能发生的大变形量值，及时调整支护参数。
④软岩段隧道施工宜选用超前注浆加固、超前小导管、超前大管棚等辅助工程措施。
（2）软弱围岩段施工
①及时根据掌子面地质、水文变化情况进行设计优化、变更。隧道内施工当断面围岩发生突变时，对围岩必须按提高一级处理，初期支护参数及时调整。
②在软弱围岩地段，选择施工方法应考虑适应性，尽量避免变更施工方法，各工序均衡开展施工，遵行“先核查，引排水、短进尺、少扰动、早成环、勤量测、快衬砌、工序紧”的技术措施。
③软弱围岩隧道开挖后及时初喷封闭裸露围岩，及时施作初期支护，及时封闭成环，特别是下部（边墙）开挖后钢架及时落底接长，及时封闭成环。
④按照设计和规范要求设置围岩量测点，准确掌握洞内水平收敛、拱顶沉降和洞顶地表沉降的数值和速率，建立等级管理、信息反馈和报告制度。
⑤根据监测数据分析反馈，及时进行支护的补强，补强措施包括长锚杆、注浆、临时支撑、套拱等。
⑥初期支护基本稳定后施作衬砌，避免衬砌承受过大荷载。
（3）软弱围岩初期支护大变形处治措施
①采用临时措施加固初期支护大变形地段，如临时支撑、套拱等。
②根据大变形部位与掌子面距离以及是否侵限采取相应措施，当在掌子面附近发生初期支护开裂破坏时，采取封闭掌子面、周边围岩注浆加固、系统锚杆补强措施，未侵限时可增加套拱，侵限时拆换拱架；当初期支护开裂破坏发生在下台阶已施工完成地段时，临时加固后尽早施作仰拱，必要时采用临时拱架套拱，根据变形速率可待掌子面离开一段距离后进行拱架拆换处理。
③为防止相同地质条件段出现初期支护开裂破坏情况，应及时调整初期支护参数</td></tr>
<tr><td>参考案例</td><td>（1）工程概况
新蜀河隧道起讫里程为K222+201~K231+190，全长8989m，隧道洞身分别从K224+025里程和险滩沟K226+378里程开始大量出现炭质片岩地质及部分零散段落，共计全长3525m。
（2）开挖方法
炭质片岩地段按Ⅴ级围岩加强设计，开挖采用三台阶法施工，其中中台阶设型钢混凝土临时仰拱。衬砌模板台车紧跟掌子面施工。为确保上中台阶物流有序，采用中、下台阶栈桥连接出渣方案。</td></tr>
</table>

续上表

<table>
<tr><td>参考案例</td><td>（3）主要施工措施
①施工中根据施工监测情况，增大预留变形量，左右两边预留变形量50cm，拱顶根据实际情况预留30~50cm。
②严格控制爆破打眼深度和装药量，采取松动爆破技术，严禁抛掷爆破，减少对围岩的扰动，并控制每循环开挖进尺为1.0m，爆破后及时封闭掌子面。
③加密小导管超前支护（间距20cm），每架设两榀钢架施作一次，长度3.5m，间距20cm，外插角不大于10°，小导管尾部与钢拱架牢固焊接，注浆饱满。
④钢架架立时与岩面密贴，钢架连接处设不少于4根锁脚锚杆，钢架脚底架立在牢固的基础上。
⑤临时仰拱采用I25型钢混凝土，间距50cm，与初期支护型钢牢固连接。
⑥为缩短循环时间，临时仰拱型钢底部应垫实，灌注后，上部铺设20~30cm虚渣，避免重车直接碾压，破坏结构。
⑦施工中监控量测每3m设一观测断面，大变形段每2m设置一观测断面，测量频率为每天测量1次。
⑧初期支护及临时仰拱在开挖后及时施作，尽快封闭成环。衬砌紧跟仰拱施工</td></tr>
<tr><td>参考图片</td><td>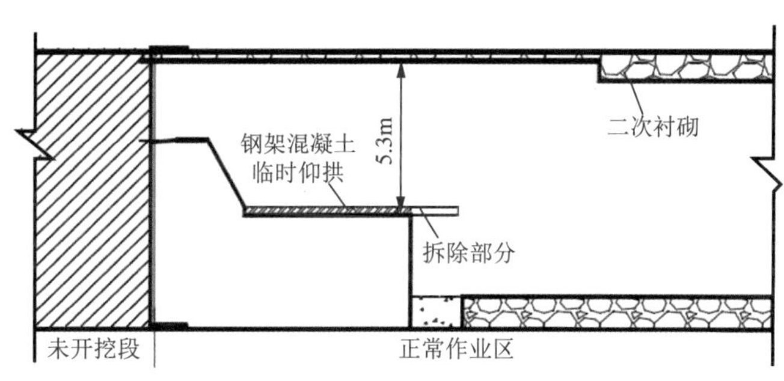

施工布置示意图
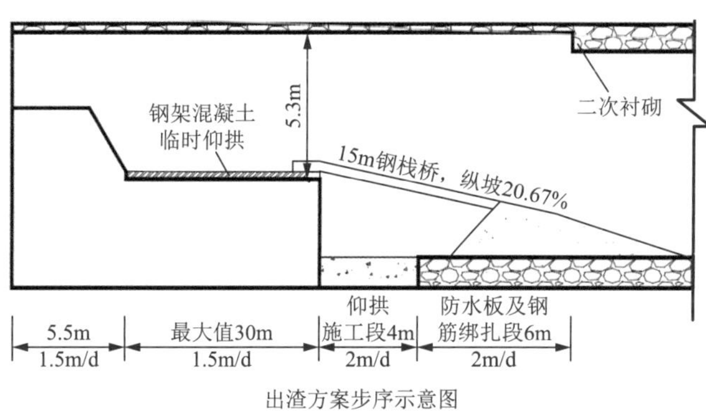

出渣方案步序示意图</td></tr>
</table>

19.5 瓦斯地段隧道施工要点及案例

<table>
<tr><td>施工要点</td><td>1）瓦斯地段施工前
（1）通过适当增加钻孔和地质复查工作，确定隧道瓦斯的来源、煤层的位置、形成瓦斯的地质构造等，必要时现场进行瓦斯及天然气含量、涌出量、压力等测试工作。根据结果核对施工工区和煤系地层的瓦斯等级，必要时应进行修正，同时修改相应设计。
（2）形成瓦斯地段的专项施工方案。
2）瓦斯地段施工
（1）接近突出煤层前，对各突出煤层位置进行超前探测，标定各突出煤层准确位置，掌握其赋存情况及瓦斯状况，并进行揭煤前瓦斯突出危险性预测。
（2）按照设计、规范要求进行瓦斯工区钻爆作业，进行瓦斯隧道的持续监测和通风。应着重注意掌子面附近、拱顶坍穴、线路转角、辅助洞室、大型设备背风处等瓦斯易积聚处的浓度检测。
3）瓦斯事故处治措施
（1）当发现具有瓦斯突出先兆或检测瓦斯浓度超过允许安全值时，必须立即撤离作业人员至洞外，同时切断电源，加强通风观察、检测，直至检测瓦斯浓度降至安全值以内时，方可派瓦检员进洞查看、检测。
（2）当洞内发生瓦斯爆炸后，洞内生还人员应采取自我保护措施，尽快撤出至洞外，无法撤出时，则在相对安全处等待救援。
（3）切断电源，防止瓦斯的再次聚集造成二次爆炸。
（4）立即启动应急抢险救灾程序，积极组织人力、物力、财力进行灾后救援工作，减少灾害损失。
（5）加强隧道内通风，随时检测隧道内瓦斯浓度，当瓦斯浓度降至安全值以内时，方可进洞救援，救援人员必须佩戴自救器和便携式瓦斯报警器</td></tr>
<tr><td>参考案例</td><td>1）工程概况
扎西隧道进口为瓦斯隧道进口，隧道采用分离式，左线总长5260m，右线总长5255m。隧道最大埋深474m，属于特长隧道。
隧址区范围内不良地质条件复杂。隧道除了可能穿越C1~C10等多层煤层外，还有可能穿越煤层采空区、溶洞、断层等。在隧道所穿越的煤层之中，最大煤层瓦斯压力为1.28MPa，瓦斯含量0.53~15m^3/t，瓦斯成分以CH_4和N_2为主，隧道掘进期间的瓦斯绝对涌出量估算值为2.51m^3/min。左线桩号ZK22+850~ZK23+450，右线桩号K22+850~K23+450为瓦斯突出段。同时，在邻近段还分别有高瓦斯段和低瓦斯段。</td></tr>
</table>

参考案例	2）瓦斯防治 （1）瓦斯防治方案 以瓦斯超前探测和预报为指导，加强瓦斯检测和通风管理，以双电源保证24h不间断通风，控制各作业面瓦斯浓度在0.5%以下，减少瓦斯积聚，配置防爆型电气设备，改装无轨运输和装渣设备，确保其防爆效能，实现安全施工，平稳、快速推进各工序作业。在揭煤过程中，委托相关资质单位编制隧道揭煤防突专项设计和现场指导，并严格按专项设计施工。 （2）瓦斯防治措施 ①防治瓦斯积聚措施。 空洞瓦斯积聚多发生在隧道塌方处或严重超挖处，可采用向空洞内送风的方法驱散瓦斯，防止瓦斯空洞积聚。 ②防治引爆火源措施。 加强管理，提高防火意识。要防止爆破火源，防止电气火源和静电火源，防止撞击或摩擦火源，防止明火，防止隧道施工区域内煤炭自燃。 3）揭煤防突措施 （1）区域综合防突措施 在煤层10m的位置布置5个超前孔，对煤层的地质情况及瓦斯含量进行精确检测。若测定瓦斯含量大于$8m^3/t$，当距离煤层7m时，采取有效的瓦斯防突措施。当掌子面与煤层法向距离5m时，选用瓦斯解吸指标K_1值进行区域验证。 （2）局部综合防突措施 当距离煤层5m时，检测发现有瓦斯突出风险时，需要采取防突措施。采取安全防护措施并采用洞外爆破揭开煤层，在岩石隧道与煤层连接处加强支护。揭开煤层爆破时岩柱最小垂距2m。 （3）过煤门 首先进行工作面突出危险性预测，如果超过标准，则需采取有效的施工措施。揭开煤层后，在执行过煤门工作面突出危险性预测时，只要有一个预测钻孔预测指标超限，则视整个掌子面前方预测钻孔控制范围内煤体均具有突出危险性，应立即采取防突措施。揭开煤层后补充防突措施一般为排放瓦斯，当预测突出危险程度较高、突出危险区域较大时，可采用抽放瓦斯的补充防突措施。 4）揭煤施工及控制技术 （1）开挖方式 从隧道上台阶顶部揭开煤层施工易于管理和支护。为防止隧道上台阶意外见煤和中下台阶先揭煤，应对隧道工作面钻探确认煤层准确位置。隧道过煤系地段施工按预留核心土三台阶分部开挖法进行开挖至与煤层法线距离1.5m，并将各台阶安全距离控制到10m，然后进行上台阶一次全断面揭开煤层顶板岩柱。

续上表

<table>
<tr><td>参考案例</td><td>在上台阶一次全断面揭开煤层顶板前，需进行突出预测，若无突出危险，可采用洞外爆破并采取安全防护措施后揭煤；若有突出危险就要采取排放钻孔措施，直到防突指标效检达标，方可进行揭煤作业。在进行上台阶过煤门施工时，隧道轮廓以外留有6m的最小超前距离。在中下层台阶进行揭煤施工时，在检测有瓦斯突出危险时，需要首先对其内的瓦斯进行排放，符合要求才能继续施工。
（2）揭煤钻孔施工
进行钻孔施工时，必须严格按照设计和规范的要求进行，同时控制好钻进速度。在钻进5m的范围内要悬挂瓦斯监测装置，瓦斯浓度不能大于0.5%，否则需要采取措施降低瓦斯浓度，才能进行施工。钻进过程需要对全程进行记录，对煤层的情况进行详细分析。工作面可向前掘进距离煤层7m的范围内，执行揭煤专项施工方案，工作面转入揭煤准备工作。
（3）顶板管理及支护
隧道施工必须做好支护工作，禁止空顶施工；在松软的地质环境下，必须加强超前探测，采取有效的安全措施。支护施工分为超前小导管施工、型钢拱架施工和ϕ25mm中空注浆锚杆施工3个过程。使用4.5m长规格ϕ42mm×4mm（壁厚）的超前小导管，搭接长度大于1.2m。型钢拱架采取合理的拼接措施，使用M20螺栓进行连接，纵向使用ϕ25mm的纵向钢筋，环形间距大于1m。锚杆采用长度3.5m的ϕ25mm中空注浆锚杆，间距0.8m×1m。在初喷后进行锚杆施工，钻孔注浆需满足设计与规范的要求。
人工挂网施工，钢筋网片与型钢之间禁止使用焊接连接</td></tr>
<tr><td>参考图片</td><td>

扎西隧道</td></tr>
</table>

20 应急救援

20.1 应急救援基本原则

作业要点	（1）隧道工程应急管理应遵循“以人为本、安全第一；统一领导、分级负责；快速反应、协同应对”的原则，迅速有效地控制和处理各类险情和突发事件，保证人员生命和公共财产的安全。 （2）隧道工程救援管理应本着“生命至上、快速反应、严防次害、科学救援”的方针，在险情事故发生后，能够迅速成立救援组织体系，制订科学的救援方案，快速实施，实现安全营救。 （3）项目应按要求建立应急救援组织机构，明确组成部门或人员及其职责，实行统一领导、分级响应、统一指挥、协同应对的运行机制，明确和规范应急响应程序，建立24h应急值班制度。 （4）存在高风险或极高风险隧道的项目、隧道群集中的项目应建立兼职应急救援队伍或与当地具备相应能力的相关专职应急救援队签订应急救援协议。 （5）项目应编制隧道应急预案，制订应急救援程序及响应机制，建立现场应急物资库并做好维护保养工作，定期开展有针对性的应急救援演练和实操培训

20.2 应急预案管理

作业要点	（1）应急预案的编制应遵循“以人为本、依法依规、符合实际、注重实效”的原则，以应急处置为核心，明确应急职责、规范应急程序、细化保障措施，依据风险评估和应急能力的评估结果，结合现场实际情况，开展科学的分析和论证，使应急预案中的内容符合客观情况，具备较好的可执行性，为应急救援提供科学指导。 （2）项目编制的各类应急预案之间应相互衔接，并与相关人民政府及其部门、应急救援队伍和涉及的其他单位的应急预案相衔接。 （3）应急预案应形成体系，在综合预案的指导下，针对各级各类可能发生的事故和存在的危险源制订专项应急预案和现场处置方案。各级预案应将危险源清单化；应急准备、救援行动、应急保障程序化；救援物资、设备、人员专业化。 （4）项目应对本单位编制的应急预案进行评审，并形成书面评审记录；应急预案经评审或者论证后，由本单位主要负责人签署公布，并及时发放到本单位有关部门、岗位和相关应急救援队伍；并在应急预案公布之日起20个工作日内，按照分级属地原则，向安全生产监督管理部门和有关部门进行告知性备案。

续上表

<table>
<tr><td>作业要点</td><td>（5）项目应组织开展本单位的应急预案、应急知识、自救互救和避险逃生技能的培训活动，使有关人员了解应急预案内容，熟悉应急职责、应急处置程序和措施。
（6）项目应制订应急演练计划，根据项目风险源的分布、事故预防重点，每年至少组织一次综合应急预案演练或者专项应急预案演练，每半年至少组织一次现场处置方案演练。当项目设计方案、施工工艺和方法、风险源等条件发生变化时，项目应及时修订应急预案并组织演练。
（7）应急预案演练以实战为主，桌面演练为辅，应急预案演练结束后，应急预案演练组织单位应对应急预案演练效果进行评估，撰写应急预案演练评估报告，分析存在的问题，并对应急预案提出修订意见。
（8）项目应按照应急预案的规定，落实应急指挥体系、应急救援队伍、应急物资及装备，建立应急物资、装备配备及其使用档案，并对应急物资、装备进行定期检测和维护，使其处于适用状态</td></tr>
<tr><td>参考图片</td><td>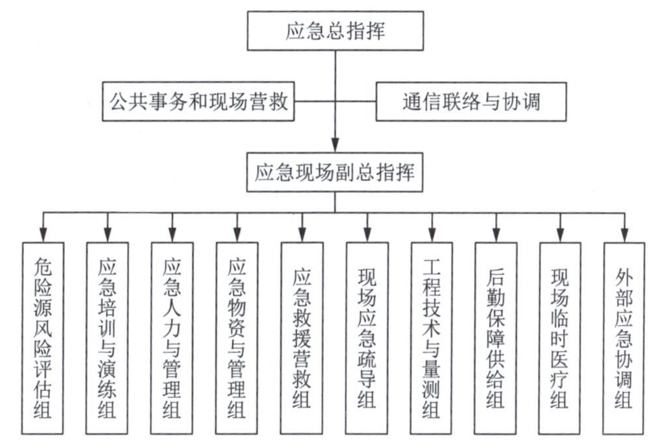

应急预案组织体系

应急救援演练</td></tr>
</table>

20.3 应急救援物资配备与管理

作业要点	（1）隧道洞口应急救援设备应根据危险源清单进行标准化统一配置，掌子面附近必须配置逃生通道和必要的医药、食品箱等。 （2）隧道集中的项目应统筹规划，以高风险隧道为主，兼顾其他项目建立集中的大型应急救援物资设备库。 （3）隧道应急救援物资应指派专人负责应急物资的保管和维修，定期巡查，对过期或失效的设备进行及时更换。 （4）应急物资应妥善保管，严禁任何人用于日常施工，只有发生突发事故时方可使用
参考图片	 应急救援物资

20.4 救援程序

作业要点	（1）事故发生后，事故现场有关人员应立即向本项目负责人报告；项目负责人接到报告后，应按照应急预案规定及时上报，开展事故救援，严禁违章指挥，冒险施救。 （2）事故发生单位负责人接到事故报告后，立即启动事故相应应急预案，采取有效措施，组织抢救，防止事故扩大，减少人员伤亡和财产损失。

续上表

<table>
<tr><td>作业要点</td><td>（3）事故发生后，有关单位和人员应妥善保护事故现场以及相关证据，任何单位和个人不得破坏事故现场、毁灭相关证据。
（4）在如实上报事故情况后，项目应建立统一的应急指挥、协调和决策程序、联系专业救援队伍、合理高效调配项目及周围的应急物资，对可能影响到周边地区的事故，应及时警戒周边并公告附近居民，维护好现场治安秩序，正确引导媒体舆论。
（5）救援过程中应严格执行汇报制度，汇报内容简明扼要，陈述事实，不得主观臆断。
（6）隧道应急救援宜按照“一主一辅一备”的要求制订多套应急救援方案，并根据灾情变化和救援进展及时调整</td></tr>
<tr><td>参考图片</td><td>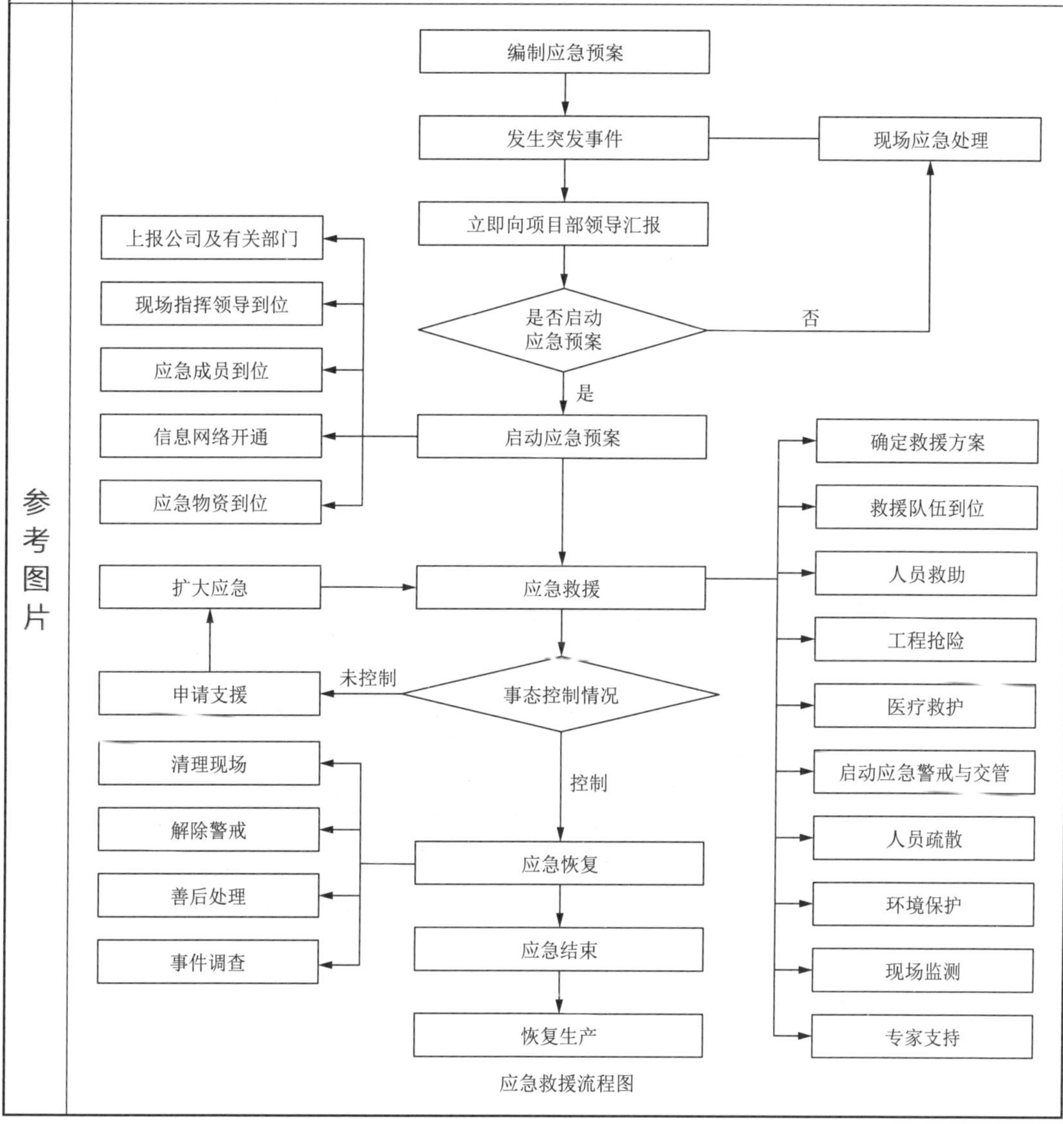
应急救援流程图</td></tr>
</table>

20.5 常见隧道事故救援方法及注意要领

20.5.1 隧道坍塌事故救援

作业要点	（1）隧道发生坍塌，被困人员首先自救，启动报警并有序逃生。一旦被困时，应紧急集中在掌子面、下台阶已支护处等容易形成空腔、有生存空间的区域，寻找应急物资，尝试利用既有管道与洞外施救人员进行联系，保持体力等待救援。 （2）坍塌事故发生后，立即疏散隧道内无关人群，设立警戒等，按规定逐级上报，按既定的救援程序，有序科学组织救援。 （3）抢险救援应根据坍塌的基本信息、坍塌规模、隧道未贯通段长度、地形地貌、坍塌体的物理力学性质等综合分析，研究制订救援方案。 （4）塌方类事故发生后要及时联系专业救援队伍，多渠道调配快速钻机，在最短时间内打通“生命通道”，联系被困人员，通风送水。 （5）塌方发生后以及救援过程中应加强监控测量，形成小时报告制，正确、快速、高效传输信息。 （6）塌方类事故发生后可根据现场指挥部制订的救援方案和现场塌方实际情况采用小导坑救援法（三角导坑、梯形导坑、迂回导坑）、竖井救援法、疏通中心水沟救援法、明挖救援法、顶管救援法、大口径水平钻机等方法进行救援，多措并举打通逃生通道。 （7）对于瓦斯、突泥涌水等高风险的隧道塌方应由专业救援队伍人员科学施救，严禁盲目施救
参考图片	 隧道塌方事故救援

20.5.2 隧道突泥突水事故

作业要点	（1）发生突泥突水事故后，宜先封堵突涌处，加强排水，综合各种因素制订救援方案；在没有安全确定是否可能再次突泥突水的情况下，严禁清淤救人。 （2）隧道工程施工期间设置遇险人员自救器材，隧道两侧应安装钢筋爬梯并挂逃生绳和足够数量的救生圈，靠近掌子面的地段还应挂充足的氧气袋；隧道内作业人员密集地段应在拱部设置逃生平台并设急救箱。自救器材应以未衬砌地段为重点进行布置，已衬砌地段可适当减少；洞口应配置橡皮艇，其数量应综合考虑隧道长度、洞内作业人员数量以及可能涌水量等因素确定。 （3）突泥突水灾害救援应通过联动报警，利用应急照明、逃生设施组织有序逃生自救。同时启动抽水设备尝试灾害控制，并尽快组织专业救援队进洞开展搜救。 （4）根据突泥突水情况，可按以下方法组织对洞内遇险人员的救援： ①突泥突水量很快减小，可使用工程机械如装载机等进入洞内施救。 ②水量较大时，可待水情基本稳定后，组织救援人员乘橡皮艇进洞施救。 ③当发生小规模突泥或突水伴随大量泥砂石、淤泥沉积时，应采用搭设脚手架、铺垫木板或竹胶板等方法迅速开辟救援通道，进入洞内搜救。 ④救援人员应佩戴呼吸器等遇水作业专业器材
参考图片	 隧道突泥突水事故救援

20.5.3 隧道瓦斯灾害事故

作业要点	（1）隧道瓦斯事故灾害主要有瓦斯爆炸、煤与瓦斯突出、瓦斯火灾等。 （2）隧道一旦发生瓦斯爆炸，应及时断电撤人，不能盲目进行通风，也不能盲目进入救援，必须由专业的矿山救援队完成。 （3）根据遇险人数，应急救援队伍携带相应数量的呼吸器。 （4）救援人员定时检查呼吸器剩余氧气量，确保自身安全

续上表

<table>
<tr><td>参考图片</td><td>
隧道瓦斯事故救援</td></tr>
</table>

20.5.4 隧道火灾事故救援

<table>
<tr><td>作业要点</td><td>（1）隧道火灾救援应第一时间通过洞内紧急报警装置发出求救信号并启动洞内消防器材尝试灭火，控制烟雾的蔓延，灭火用水宜就近从供水管、喷淋养护系统等处引取。
（2）洞内作业人员应立即采取自救措施，用浸水衣物捂住口鼻，并组织有序疏散。
（3）项目现场救援队不得盲目施救，在按要求佩戴防毒面具和防护服之后方可进洞救援，并及时通知地方消防队联合救援。
（4）宜由专人检查有毒有害气体，灭火期间，应注意观察洞内风流，防止火风压引起风流逆转，危及灭火人员安全。
（5）根据不同的起火原因，采取相应的灭火施救措施：
①防水板等塑胶材料起火，采取直流水冲击的方法灭火，灭火水枪阵地应设在上风和侧风方向，进入烟区的扑救人员应穿戴防毒面具和防护服。
②电气设备起火，应先切断电源，再采用灭火器和直流水枪灭火；有油的电气设备如变压器起火时，可用干燥的砂土盖住火焰，使火熄灭。
③机械设备燃烧，采用灭火器灭火。
④乙炔管路燃烧，采用干燥的砂土盖住火焰，使火熄灭</td></tr>
</table>

续上表

<table>
<tr><td>参考图片</td><td>
隧道火灾事故救援</td></tr>
</table>

21 信息化管理

21.1 信息中心建设

作业要点	隧道工程施工信息化平台建设应考虑各子系统的集成性、实用性、安全性、兼容性、经济性、扩容性和数据字段的一致性，充分利用北斗卫星导航系统、大数据等前沿技术，建立集隧道施工视频监控系统、实名制门禁管理和人员定位等多个子系统于一体的综合在线监控平台，实现信息交互、动态监控、预警信息推送，形成基于三维模型并涵盖安全、质量、进度、成本等多维度的智能化监测系统平台，全面提升项目管控水平。 （1）信息化监控平台应同时建立计算机（PC）端和移动端信息化监控平台，便于调看数据和发布指令。 （2）隧道项目监控室应接入互联网，隧道工程内部信号传输宜采用无线网桥的方式。 （3）信息化技术的应用应贯穿项目的整个建设过程，运行期间的数据应符合相关技术保密协议
参考图片	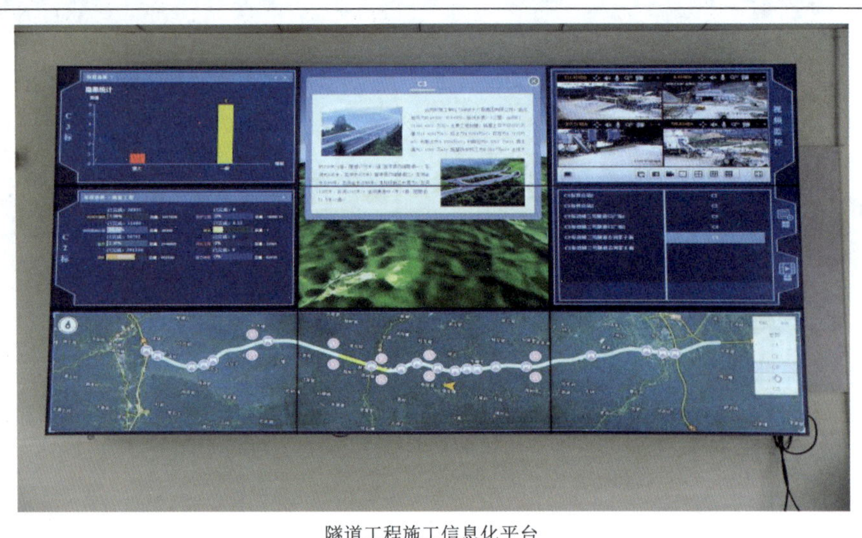 隧道工程施工信息化平台

21.2 视 频 监 控

作业要点	隧道工程施工过程中视频监控，应根据施工作业及安全防范管理的相关要求覆盖项目经理部生活区、火工品仓库、拌和站、钢结构加工中心、隧道洞口、隧道掌子面和衬砌施工区域、危险便道路口、换拱作业区、塌方处理区、9人（含）以上

续上表

<table>
<tr><td>作业要点</td><td>密集人员作业区及特种设备存放区等区域。
（1）视频监控系统应对监控区域进行实时、有效的视频探测、视频监视、图像显示、违章抓拍、记录和回放。其信号通过现场控制器传输到中央监控管理中心，使监管人员全面、准确、及时地掌握隧道施工、人员作业、机具调配等现场情况。
（2）隧道内摄像机的清晰度应能满足监控需求，光线不足区域应选用夜视型、高感光度的摄像机，视频图像应有日期、时间、监视画面位置等的字符叠加显示功能，字符叠加应不影响对图像的监视和记录回放效果。
（3）隧道内部移动台车上应选择高性能防震高清红外球型摄像机，以便能随时转动，监控隧道内全部区域。
（4）瓦斯隧道应选择防爆型网络摄像机。在地下水比较发育的隧道，摄像机按要求安装保护罩，满足防水、防尘、密闭性要求。
（5）监控画面数据保存周期应满足相关部门要求，一般不少于15d</td></tr>
<tr><td>参考图片</td><td>

隧道施工现场视频监控</td></tr>
</table>

21.3 实名制门禁管理和人员、设备定位

<table>
<tr><td>作业要点</td><td>隧道实名制门禁管理和人员、特种设备定位系统集成了人员、特种设备进出考勤、定位功能，以及洞外发光二极管（LED）显示等功能于一体，能够实现对隧道内部施工人员、特种设备等监控对象的考勤管理、分布情况、数量、所在位置以及行走轨迹的实时跟踪、位置查询、轨迹回放等功能。
（1）隧道内人员、特种设备定位宜采用精确定位技术，在环境条件不具备的情况下可采用区域定位等技术（如隧道内架设无线基站）。
（2）隧道实名制门禁管理系统宜采用面部识别技术和施工人员佩戴的唯一定位识别卡双重验证的程序进行管理，防止施工人员错拿、混拿定位识别卡进洞的现象发生，实现自动控制闸机的唯一性监测。
（3）车辆、特种设备门禁宜建设无人值守的快速通道，实现“不停车开闸”。
（4）隧道实名制门禁管理系统应与隧道视频监控报警系统相结合，对施工人员的不良行为记录、进场安全教育等信息相互关联映射，对施工人员的违章操作、不安全行为等不良行为进行监控。当不良行为记录达到一定次数后，隧道门禁系统会自动禁止该人进入隧道进行施工作业，在其完成规定课时的安全培训教育后，方可解除“黑名单”</td></tr>
<tr><td>参考图片</td><td>

隧道人员实名制定位门禁系统</td></tr>
</table>

21.4 声光电报警系统

配置原则	隧道声光电报警系统是隧道施工中一旦出现较大安全险情或其他意外情况，可能存在危及施工人员人身安全的情况，施工人员能够快速便捷地进行一键救助报警。通过声音、警示光束向隧道外部人员发出警示信号的报警系统，应该具备双向通信、视频的功能
参考图片	 隧道声光报警电话

21.5 洞内外环境及有毒有害气体在线监测

作业要点	（1）洞内环境在线监测系统是指在隧道施工过程中采用专用采集器和传感器进行一体化便携式设计的数据采集系统，在线采集隧道各个施工重点部位的粉尘浓度、风速、风压，以及瓦斯、硫化氢、二氧化碳、一氧化碳等有毒有害气体的浓度，通过监控平台对数据进行分析，并对异常数据进行自动报警。 （2）对高原、盆地等气候变化快、差别大、范围小的小气候地区宜在隧道洞口设置小型气象站，对施工地点的温度、湿度、风速、风向、雨量、气压进行实时预报监测

续上表

参考图片	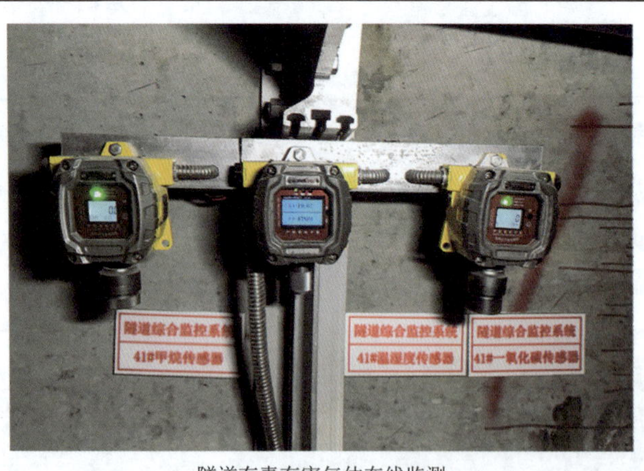 隧道有毒有害气体在线监测

21.6 隧道地质预报信息管理系统

作业要点	将超前地质预报获得的地质信息数据，导入隧道地质预报信息管理系统，结合监控量测信息进行综合分析，形成超前地质预报报告，并制订或修改施工技术方案，调整支护参数。 （1）上传超前地质预报系统平台分析的资料包括围岩概况、采取的预报手段及预报结果、相互印证情况、综合分析预报结论、异常地质、施工方法和施工措施建议等。 （2）当超前地质预报的结果发现异常情况时，信息管理平台应预警显示，并及时提供应急处理措施。 （3）对超前地质预报的数据在信息化平台上进行专家小组的在线分析，会诊超前地质预报的数据，做出研判。地质复杂地段应结合对超前取芯芯样的直观判断和芯样强度等参数的分析，形成超前预报，报告实时发送至项目施工一线，用以指导现场施工
参考图片	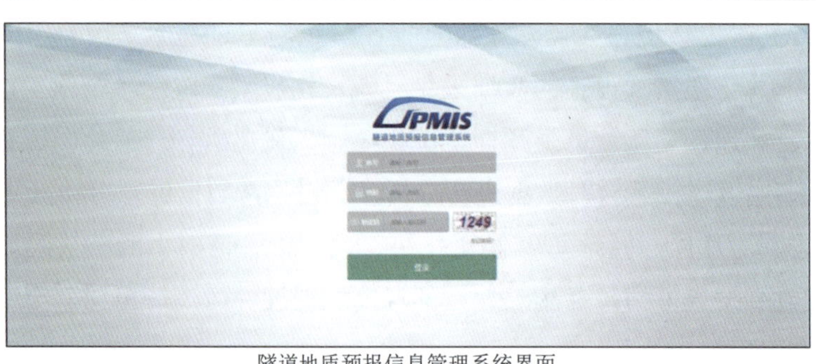 隧道地质预报信息管理系统界面

21.7 隧道施工监测信息管理平台

<table>
<tr><td>作业要点</td><td>隧道工程施工中充分利用信息化手段，建立集“现场数据采集、自动分析处理、及时预警、远程监控”于一体的隧道施工监测信息管理系统，满足监管人员和监测人员工作的不同需求。
（1）隧道施工监测信息管理平台通过自动采集隧道施工中的原始数据，进行专业的数学模型处理，实现对隧道轴线、周边收敛、拱顶下沉和地面沉降监测项目的智能化分析和预警，以及超限预警信息的自动识别、分级推送；通过总结数据变化规律对施工情况进行评价，并提供分析报告，指导隧道施工。
（2）在条件具备的情况下宜采用自动化技术进行仰拱和衬砌的安全步距监测，实现超限预警信息自动识别、分级推送</td></tr>
<tr><td>参考图片</td><td>

隧道施工监测信息管理平台界面</td></tr>
</table>

21.8 隧道应急救援信息化系统

<table>
<tr><td>作业要点</td><td>极高风险、高风险隧道工程应建立应急救援信息化系统，在基于地理信息系统（GIS）和地图应用技术的基础上，对隧道附近的大型救援设备等应急物资和消防、医院、专业救援队等公共应急资源进行分类标注，在应急预案启动后能够第一时间对周围的应急物资和公共应急资源进行合理调配。应急救援过程中，救援前场的画面、视频等救援影像资料应利用网络摄像机、无人机等手段，通过网络或者卫星通道无时差传输至救援指挥部</td></tr>
</table>

续上表

参考图片	 隧道应急救援信息化系统界面

22 文明施工

作业要点

（1）洞内路面平整、通畅，无大的坑洼，行车应无颠簸感觉；路面干燥，无积水和淤泥。

（2）洞内路面出渣时如有淤泥、石渣遗洒，应及时清理干净，确保行车安全。石块及淤泥不得随意丢弃和堆放，应统一堆放于路旁，达到一定数量后运出洞外，保证洞内整洁。

（3）洞内排水系统应保持通畅，无阻塞，路面不得有积水。水沟应定期清理、排淤。

（4）风水管路吊挂整齐、平顺，无明显起伏；风筒、风管无漏风、漏气现象。

（5）隧道内安装通风除尘设施，确保洞内空气符合国家卫生标准。

（6）洞内材料及机具设备应有固定存放位置，存放处有明显标识警示牌与防护措施，材料堆放整齐，机具设备表面整洁干净。

（7）施工现场应工完料尽场地清，没有边角余料等垃圾。

（8）便道、搅拌站、混凝土制品厂及施工生活区的设置，要合理、紧凑，严禁随意搭建，尽量减少对植被的损坏，不占用乡村道路，不阻碍交通。

（9）搅拌站等高噪声生产设施尽可能远离居民区。

（10）场地周围做到排水畅通，不得积水、积污，应充分考虑其对原地面排水的影响，以避免阻挡地表径流的排泄，影响当地居民的生产生活。

（11）污水须排入当地的排污管道或经集中净化处理后排出，严禁将未达到排放标准的生活污水直接排放至江河及其他水体中。

（12）施工营地及施工现场设固定的垃圾桶或垃圾池，垃圾定期收集，分类标识存放，运至指定的垃圾处理场或废品回收利用，不得乱扔、乱倒垃圾。

（13）施工场地的遗弃物、废油等集中进行预处理后，采用专用车辆运输至指定的处理厂或存放点。

（14）施工场地和运输道路须定期洒水养护，避免产生扬尘；严禁焚烧有毒废料。

（15）为降低噪声影响，机械设备选型配套时优先考虑低噪声设备，尽可能采取液压设备和摩擦设备代替振动式设备，并采取消声、隔音、安装防振底座等措施。加强机械设备的维修保养，保证机械设备的完好率，确保施工噪声达到环境保护标准要求

续上表

<table>
<tr>
<td>参考图片</td>
<td>

洞内道路平整干净

洞内喷雾除尘
</td>
</tr>
</table>

23 内业资料要求

23.1 总监理工程师办公室（总监办）内业资料要求

<table>
<tr><td>作业要点</td><td>（1）监理日志要求
①主要施工情况（如辖区内各标段隧道主要工作情况）。
②监理主要工作情况（如是否全面掌握项目现场实际情况，相关监理人员现场工作实际情况，是否对发现的问题提出要求或及时制止等）。
③存在的问题及处理情况（当天发现存在什么问题、监理单位如何处理、施工单位如何执行的）。
（2）旁站记录要求
施工过程中进行全过程、全方位、全环节的监督，必须保证对重点部位、重点工序、隐蔽工程等的旁站监理，对发现的各种质量问题进行登记，并及时提出处理意见，督促、检查落实处理情况，绝不放过质量、安全、环水保隐患。
旁站记录必须进行以下相关工作：
①记录内容要真实、准确、及时、完整。
②对旁站的关键部位或关键工序，应按照时间或工序形成完整的记录。例如，超前支护（锚杆、小导管）、初期支护（钢架、锚杆、喷射混凝土厚度等）、仰拱及仰拱回填、衬砌钢筋制作安装、衬砌混凝土保护层厚度、防水板及止水带安装、预埋构件等隐蔽工程验收及试验检测、测量放样、地质素描、超前钻探、超前地质预报、监控量测等。
③所旁站的关键部位和关键工序及隐蔽工程施工情况至少应包括：人员上岗情况、材料使用情况、施工工艺和操作情况、执行施工方案和强制性标准情况等。
④旁站记录应记录人员、时间、桩号里程和工程部位、旁站监理内容、对施工质量检查情况、评述意见等，并将发现的问题做好记录，并提出处理意见。
（3）巡视记录要求
监理工程师应采取以巡视为主的方式进行施工现场监理，按计划定期或不定期巡视施工现场，对施工的主要工程的巡视每天不少于1次，并填写巡视记录。巡视应包括下列主要内容：
①施工现场管理人员特别是质量、安全管理人员是否到位，特种作业人员是否持证上岗。
②使用的原材料或混合料、构配件和主要施工机械设备是否与批准的一致。
③是否按技术标准、工程设计文件、批准的施工组织设计和方案施工。
④质量、安全、环水保和施工标准化等措施是否落实，施工自检和工序交接是否符合规定</td></tr>
</table>

续上表

参考图片

监理旁站

A06	旁站检查记录	单位工程名称： 工 程 编 号：	
日　期		天　气	
旁站监理部位或工序			
旁站监理开始时间		结束时间	
施工情况： 1. 施工单位质检人员是否到位　是□　否□ 2. 特殊工种上岗证是否齐全　是□　否□ 3. 施工机械状态是否良好　是□　否□ 4. 水泥和其他原材是否经过检验　是□　否□ 5. 是否有混凝土配合比报告　是□　否□ 6. 是否有“三级”技术、安全交底　是□　否□ 7. 隐蔽工程及上道工序是否经验收合格　是□　否□ 8. 搅拌站是否经检验、标定合格　是□　否□ 9. QHSE管理是否符合“六条禁令”“九项原则”“十个必须”的要求　是□　否□			
监理情况： 1. 设计围岩类别：__V__级，喷锚工艺：____湿喷法____。 2. 喷射混凝土设计参数：喷射混凝土强度等级__C20__，设计厚度__12__cm。 3. 混凝土喷锚：理论配合比水泥：水：砂：碎石：外加剂=1：0.44：1.9：1.98：0.05___，施工配合比水泥：水：砂：碎石：外加剂=1：0.38：1.96：1.99：0.05，混凝土搅拌计量__符合要求__；喷射混凝土厚度__13cm__，表面外观质量__平整密实__，喷射混凝土与拱架、围岩壁间黏结__紧密__。			
问题及处理意见：			
其他需要说明的事项：			
施　工　单　位		监　理　单　位	
单位名称： 项目经理部： 质检员(签字)： 日期：		单位名称： 监理机构： 旁站监理员(签字)： 日期：	

监理旁站检查记录表

23.2 施工单位内业资料要求

作业要点

（1）施工日志：体现当天日期、天气、“人料机”投入运行情况，工作主要内容和工作部位，质量检查情况，关键部位或隐蔽工程验收情况，安全环水保检查情况等。

（2）自检资料：记录表当时完成工作当时签认，检验表应在所有检查内容完成并符合要求后由施工单位及时签认，1日内报送总监办签认。

（3）评定资料：分部分项工程完工，并经试验检测单位检测合格后，应5日内完成评定，并报送总监办签认

参考图片

施 工 日 志

建设单位：______________

工程单位：______________

施工单位：______________

施工日期：______________

施 工 日 志

日期：　　年　月　日　星期

	天气状况	风 力	最高/最低温度	备 注
白 天				
夜 间				
生产情况记录（部位项目、机械作业、班组工作、生产存在问题等）：				
技术质量安全工作记录（技术质量安全活动、技术质量安全问题、检查评定验收等）：				
材料、构配件进场记录				
工程负责人		记录人		

施工日志

24 质量检验检测要求

24.1 监理单位要求

<table>
<tr><td>作业要点</td><td>

（1）人员

①监理人员必须具有高度的责任心、良好的职业道德，在独立执行监理任务时，敢于严格按照质量标准和设计进行检查，敢于坚持原则。

②根据工程情况配置相应的监理人员，监理人员必须持证上岗。

（2）设备

现场监理人员巡视检查时须随身携带监理工具包，工具包内应包括卷尺、手电筒、拍照（摄像）设备、日记本、监理工作卡、旁站记录表、与本工程相关的规范及图纸（必要时携带），以及其他需要携带的文件或工具等。

（3）现场检验工作

①每天对施工现场进行巡视，检查施工质量、进度、安全，并做好巡视记录。

②发现存在质量、进度、安全问题，根据问题严重程度，采取口头责令整改、在监理例会提出、下发联系单等方式处理。

③对需要旁站的项目及时进行旁站监理，并填写旁站记录。

④混凝土试块见证留置数量严格按规定执行，对见证取样情形做好详细记录。

⑤按相关要求对隐蔽、检验批、分部、分项工程进行验收检查，留有影像资料并详细记录在监理日志中。

⑥在规定时限内上报监理日报、周报和月报，说明期间的施工进度、监理工作、施工情形、存在问题和处理结果等

</td></tr>
<tr><td>参考图片</td><td>

监理现场巡检

</td></tr>
</table>

24.2 隧道质量检验要求

作业要点	（1）总体要求 ①所有结构尺寸、材料强度均需满足设计要求。 ②洞口设置应满足设计要求，边坡、仰坡无落石。 ③洞内外的排水系统设置应满足设计要求，不淤积、不堵塞。 ④隧道拱部、边墙、路面、设备箱洞应不渗水，有冻害地段的隧道衬砌背后不积水、排水沟不冻结，车行横通道、人行横通道等服务通道拱部不滴水，边墙不淌水。 （2）明洞工程 ①明洞衬砌蜂窝麻面面积不得超过该面总面积的0.5%，深度不得超过10mm，且衬砌钢筋混凝土结构裂缝宽度不得超过0.2mm。 ②防水层施工前，明洞混凝土外部应平整圆顺，不得有钢筋露出和其他尖锐物，防水材料无破损、无褶皱，焊接应牢固。 ③明洞回填坡面应不积水。 （3）初期支护 ①超前小导管外露长度不宜小于30cm，以便连接孔口阀门和管路，尾部焊接在钢架上；两组小导管之间的纵向水平搭接长度不小于1m；注浆前先喷射混凝土厚度5~10cm封闭掌子面，形成止浆盘；钢管尾端与钢架焊接应无假焊、漏焊。 ②锚杆长度应不小于设计长度，锚杆插入孔内的长度不得短于设计长度的95%；锚杆安装完成后，应截断锚杆杆体外露多余长度，锚杆外露头和垫板应进行防锈处理并满足防水板铺设对基面的要求；锚杆垫板与岩面间应无间隙。 ③喷射混凝土表面应无漏喷、离鼓、钢筋网和钢架外露。 ④钢架焊缝应无假焊、漏焊；钢架节段之间钢板应用螺栓连接或焊接牢固，钢架应紧靠初喷面，钢架与围岩之间的间隙应采用喷射混凝土填充密实。 ⑤仰拱浇筑前应无积水、杂物、虚渣；仰拱曲率、仰拱与边墙连接应满足设计和规范要求；仰拱混凝土表明应无露筋，仰拱回填混凝土表面应无开裂。 （4）衬砌 ①土工布布设时，热熔垫圈应按设计间距均匀布置，射钉帽须低于垫圈面。 ②防水板的固定应松紧适度并留有余量，以保证混凝土浇筑后与初期支护表面密贴；防水板在阴阳角处应抹成半径不小于50mm的圆弧。防水板目测检验标准：用手将已固定好的防水板上托或挤压，检查其与基面的密贴程度及预留量。检查防水板表面铺设质量（包括有无烤焦、焊穿、假焊、漏焊、脱焊，有无脱粘、漏粘），尺量焊缝宽度和固定点间距是否符合设计要求，焊缝表面是否平整光滑、有无波形断面等。

续上表

作业要点	③钢板止水带环向采用搭接焊，搭接长度不小于5cm，焊缝应饱满，无漏焊；橡胶止水带接头采用热压机硫化搭接胶合，搭接长度≥10cm；止水带接头切割整齐，棱条必须切除，切除范围10cm，利用打磨机对端头进行打磨，宽度不小于10cm；将10cm×40cm生橡胶片夹于搭接止水带中间；止水带外观应无松脱、扭曲，止水带连接缝应无裂口、脱胶。 ④衬砌钢筋的连接方式、同一连接区段内的接头面积应满足设计要求；钢筋间距偏差应在规范允许范围之内；钢筋接头位置应设在受力较小处；受力钢筋应平直，表面不得有裂纹及其他损伤。 ⑤衬砌蜂窝麻面面积不得超过该面总面积的0.5%，深度不得超过10mm，且衬砌钢筋混凝土结构裂缝宽度不得超过0.2mm，混凝土结构裂缝宽度不得超过0.4mm。 （5）排水 ①隧道纵向排水管、横向排水管、环向排水管的材质和规格应满足设计要求；安装间距和坡度应满足设计要求。 ②排水管整体线形应平顺，排水管接头不得出现松动。 ③沟槽盖板应无松动、破损
参考图片	 钢筋间距检查  坍落度检查

24.3 隧道质量检测单位要求

作业要点	1）人员 （1）隧道实体质量检测人员应具有良好的职业道德、高度负责的责任心，具有相应的理论知识和实践经验，并取得相应的试验检测职业资格证书，持证上岗。检测人员须满足合同文件要求及现场检测需要，检测人员必须熟悉设计图纸、现行检测技术标准规程规范、正确使用仪器设备，并具有一定的数据处理分析、应急应对能力。 （2）检测工作开展前，检测机构及检测人员资料（含机构等级证书、计量认证证书、人员资格证书、劳动合同及社保证明等材料复印件，必要时核查原件）报建设管理处、项目公司核查，实施过程中若检测人员有变动应及时报备。 （3）工作期间检测人员需临时休假的，应报总监办、建设管理处、项目公司批准，检测单位检测人员每月在岗天数不得少于22d。 2）设备 （1）隧道实体质量检测所用仪器设备的主要技术性能应符合相关规定，并具有良好的现场显示、记录和存储功能。 （2）检测仪器设备应根据有关规定进行量值溯源，合格且在有效期内使用，仪器设备在检测前必须进行检查、调试，确认正常后方可使用。仪器设备应按规定定期进行检校，有计量合格证，并粘贴准用证，同时应经常保养，确保技术指标正常、精度满足要求、工作可靠。 （3）检测仪器设备的数量和规格型号必须达到工作计划、方案中的配置标准，要有备用的仪器设备，当不满足现场检测需要时，应立即增加或更换仪器设备。 （4）仪器设备应设专人使用管理，仪器设备技术档案应齐全完整，内容包括产品说明书、检定证书、校准记录、检定和使用情况登记、调试和维修记录等。 3）检测报告 （1）检测报告应用词规范、文字简练、结论明确。 （2）检测快报和正式报告至少应包括下列内容：检测目的、检测依据、检测设备、检测方法（基本原理、测线布置、数据处理）、检测结果（检测工作量、设计资料、缺陷结果统计）、相关检测图像资料、检测结论与建议。 （3）检测月报至少应包括下列内容：①工程概况；②检测人员、设备情况；③检测依据；④本月完成情况、检测结论；⑤存在的主要问题及建议；⑥下月工作计划；⑦其他需要补充的情况。

续上表

作业要点	4）工作流程 项目经理部向隧道质量检测单位和总监办填报并提交书面检测报检单→监理工程师审查并在现场签字确认→检测准备→检测单位提交检测结果→结果处理。 5）信息报送 （1）报检单 项目经理部须提前3d以书面的形式向检测单位和总监办填报、提交隧道质量检测报检单，并在工地现场做好相关准备工作，监理工程师对报检单进行签字确认，并对检测过程进行旁站。 （2）检测报告 ①快报。 检测成果报告在数据采集后48h内报送项目经理部、总包部、总监办、建设管理处、项目公司。 当隧道质量检测单位对检测结论存在疑义时，应立即告知项目经理部、总包部、总监办、建设管理处和项目公司。 ②正式报告。 隧道质量检测单位每月25日向项目经理部、总包部、总监办、建设管理处和项目公司报送隧道质量检测月报。正式报告须加盖中国计量认证（CMA）章、等级资质章、单位公章及骑缝章。 ③检测月报。 隧道质量检测单位每月25日向项目经理部、总包部、总监办、建设管理处和项目公司报送隧道质量检测月报
参考图片	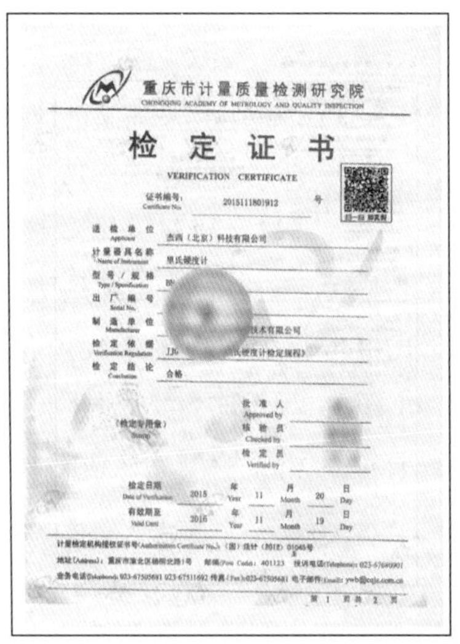 重庆市计量质量检测研究院 CHONGQING ACADEMY OF METROLOGY AND QUALITY INSPECTION 检定证书 VERIFICATION CERTIFICATE 证书编号 Certificate No. 2015111801912 号 送检单位 Applicant 杰西（北京）科技有限公司 计量器具名称 Name of Instrument 里氏硬度计 型号/规格 Type / Specification 出厂编号 Serial No. 制造单位 Manufacturer 技术有限公司 检定依据 Verification Regulation JJG 氏硬度计检定规程》 检定结论 Conclusion 合格 （检定专用章）Stamp 批准人 Approved by 核验员 Checked by 检定员 Verified by 检定日期 Date of Verification 2015 年 Year 11 月 Month 20 日 Day 有效期至 Valid Until 2016 年 Year 11 月 Month 19 日 Day 计量检定机构授权证书号（Authorization Certificate No.）：（国）法计（2012）01045号 邮编（Post Code）：401123 投诉电话（Telephone）：023-67640901 业务电话（Telephone）：023-67505681 023-67511692 传真（Fax）：023-67505681 电子邮件（Email）：ywb@cqjz.com.cn 第 1 页 共 2 页 检测仪器检定证书

24.4 隧道质量检测要求

作业要点	1）隧道总体 （1）隧道行车宽度采用尺量或激光断面仪检测，曲线段每20m、直线段每40m检查一个断面，允许偏差为±10mm。 （2）净空断面采用激光测距仪或激光断面仪检测，曲线段每20m、直线段每40m检查一个断面，衬砌内轮廓宽度和高度不应小于设计值。 2）初期支护 （1）混凝土喷层厚度检测可采用凿孔法或雷达检测，厚度应满足：平均厚度≥设计厚度；60%的检查点的厚度≥设计厚度；最小厚度≥0.6设计厚度。 （2）喷射混凝土与围岩接触状况采用雷达检测，喷层与围岩之间应无空洞、无杂物。 （3）锚杆长度和密实度检测采用应力波无损检测，锚杆长度应不小于设计长度，锚杆插入孔的长度不得短于设计长度的95%；锚杆孔内灌浆应密实饱满。 （4）必要时开展锚杆拉拔力检测，锚杆28d抗拔力应满足平均值≥设计值，最小抗拔力≥0.9设计值。 （5）钢架间距采用雷达检测，间距允许误差为±50mm。 3）仰拱及填充 （1）仰拱及回填混凝土强度采用现场留样养护试验，混凝土强度应在合格标准内。 （2）仰拱厚度施工时采用现场尺量，施工完成后可采用雷达普查、钻孔取芯验证的方式，仰拱厚度不应小于设计值。 （3）仰拱填充层密实度可采用雷达检测，必要时进行取芯验证，仰拱填充应密实、无杂物或片石。 4）衬砌 （1）衬砌主筋间距施工时采用现场尺量，施工完成后采用雷达检测，主筋间距允许误差为±10mm。 （2）衬砌混凝土强度采用现场留样养护试验，混凝土强度应在合格标准内。 （3）衬砌墙面平整度采用2m直尺检测，每20m每侧连续检查5尺，测量每尺最大间隙，施工缝、变形缝处最大间隙应≤20mm，其他部位最大间隙应≤5mm。 （4）衬砌背部密实状况采用雷达检测，衬砌背部应密实无空洞、无杂物

续上表

参考图片	 初期支护质量雷达检测

附　　件

附件 A 隧道掌子面不良地质前兆特征

A.1 断层前兆特征

（1）节理组数急剧增加。

（2）出现岩层牵引褶曲。

（3）岩石强度明显降低。

（4）出现压碎岩、碎裂岩、断层角砾岩、断层泥。

（5）临近富水断层前断层下盘泥岩、页岩等隔水岩层明显湿化、软化或出现淋水或其他涌突水现象。

A.2 大型溶洞水体或暗河前兆特征

（1）裂隙、溶隙间出现较多的铁染锈或黏土。

（2）岩层明显湿化、软化，或出现淋水现象。

（3）小溶洞出现的频率增加，且多有水流、河沙或水流痕迹。

（4）钻孔中的涌水量剧增，且夹有泥沙或小砾石。

（5）有哗哗的流水声。

（6）钻孔中有凉风冒出。

A.3 岩（煤）与瓦斯突出前兆特征

（1）开挖工作面地层压力增大、鼓壁、深部岩层或煤层的破裂声明显、掉渣、支护严重变形。

（2）瓦斯浓度突然增大或忽高忽低，工作面温度降低，闷人，有异味等。

（3）煤层结构变化明显，层理紊乱，由硬变软，厚度与倾角发生变化。煤由湿变干、光泽暗淡，煤层顶底板出现断裂、波状起伏等。

（4）钻孔时有顶钻、夹钻、顶水、喷孔等现象。

（5）工作面发出瓦斯强涌出的嘶嘶声，同时带有粉尘。

（6）工作面有移动感。

A.4 大规模塌方前兆特征

（1）拱顶岩石开裂，裂缝旁有岩粉喷出或洞内无故尘土飞扬。

（2）初期支护开裂掉块、支撑拱架变形或发生声响。

（3）拱顶岩石掉块或裂缝逐渐扩大。

（4）干燥围岩突然涌水等。

A.5　临近人为坑洞积水前兆特征

（1）岩层明显湿化、软化，或出现淋水现象。

（2）岩层裂隙有涌水现象。

（3）开挖工作面空气变冷或有雾气。

（4）有嘶嘶的水声。

（5）临近煤层老窑积水的前兆是岩层中出现暗红色水锈或渗水中挂红。

附件B　不同围岩级别施工工序流程图

B.1　Ⅲ级围岩施工工序流程图

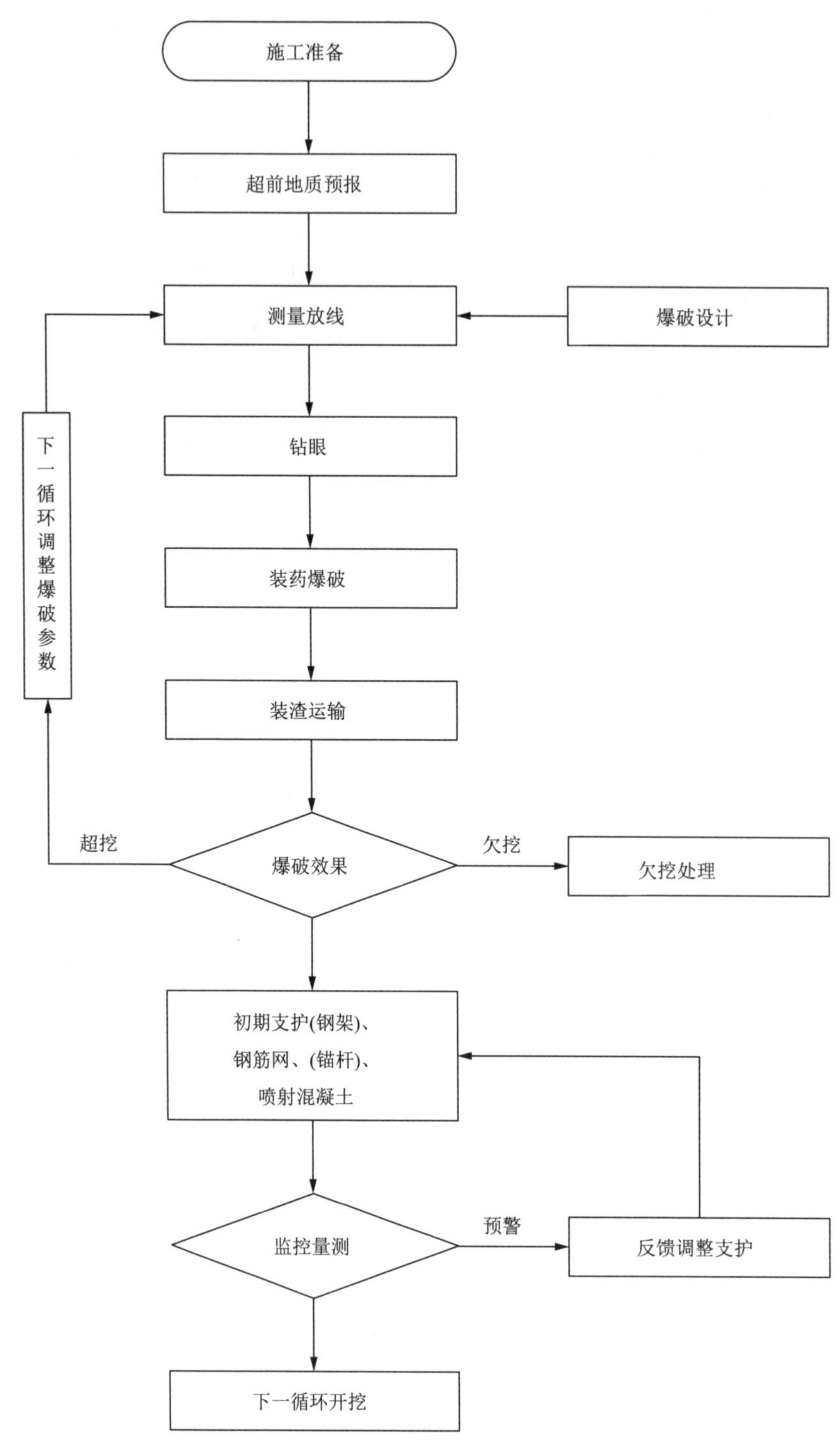

B.2 Ⅳ级围岩施工工序流程图

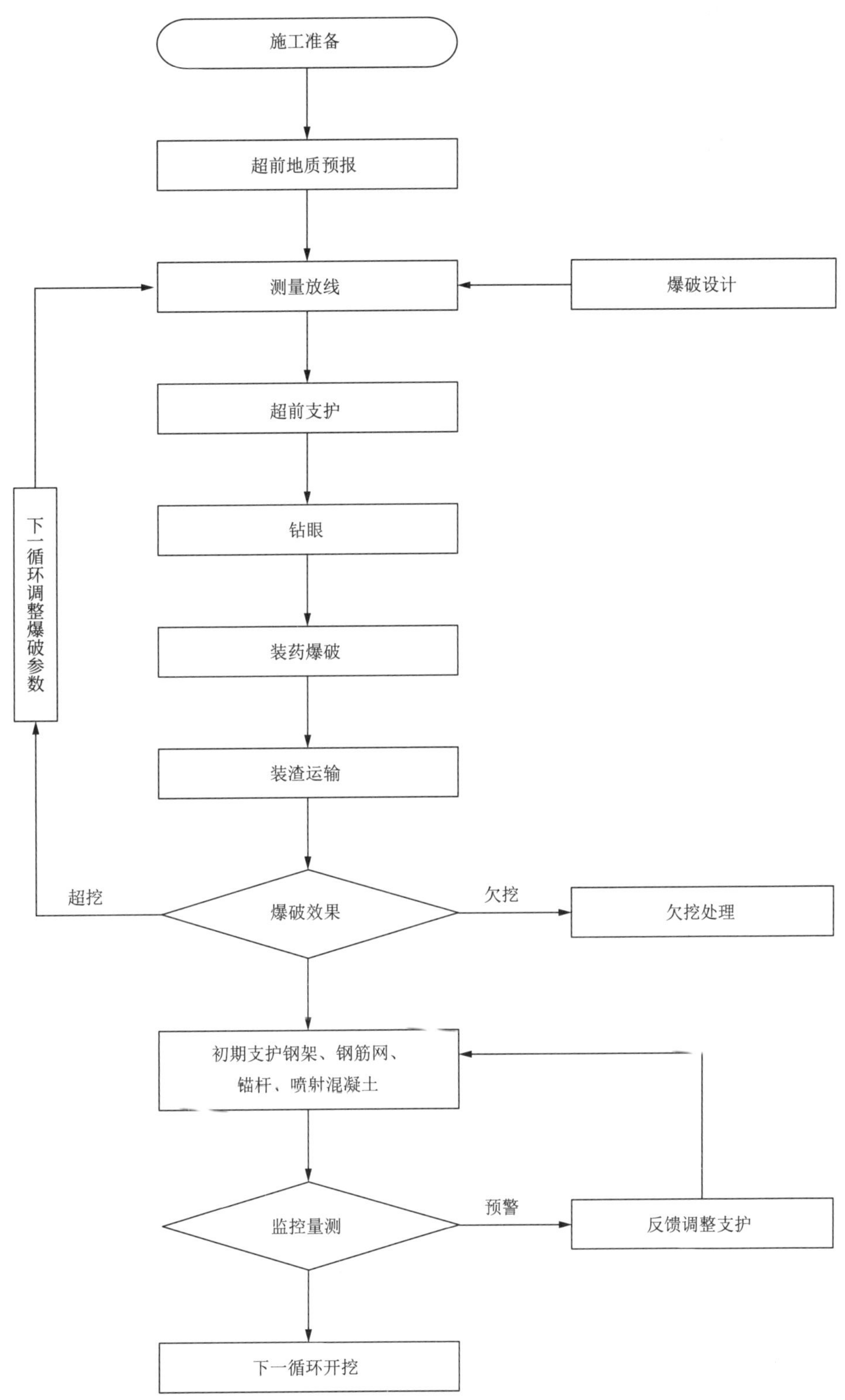

B.3 V级围岩施工工序流程图

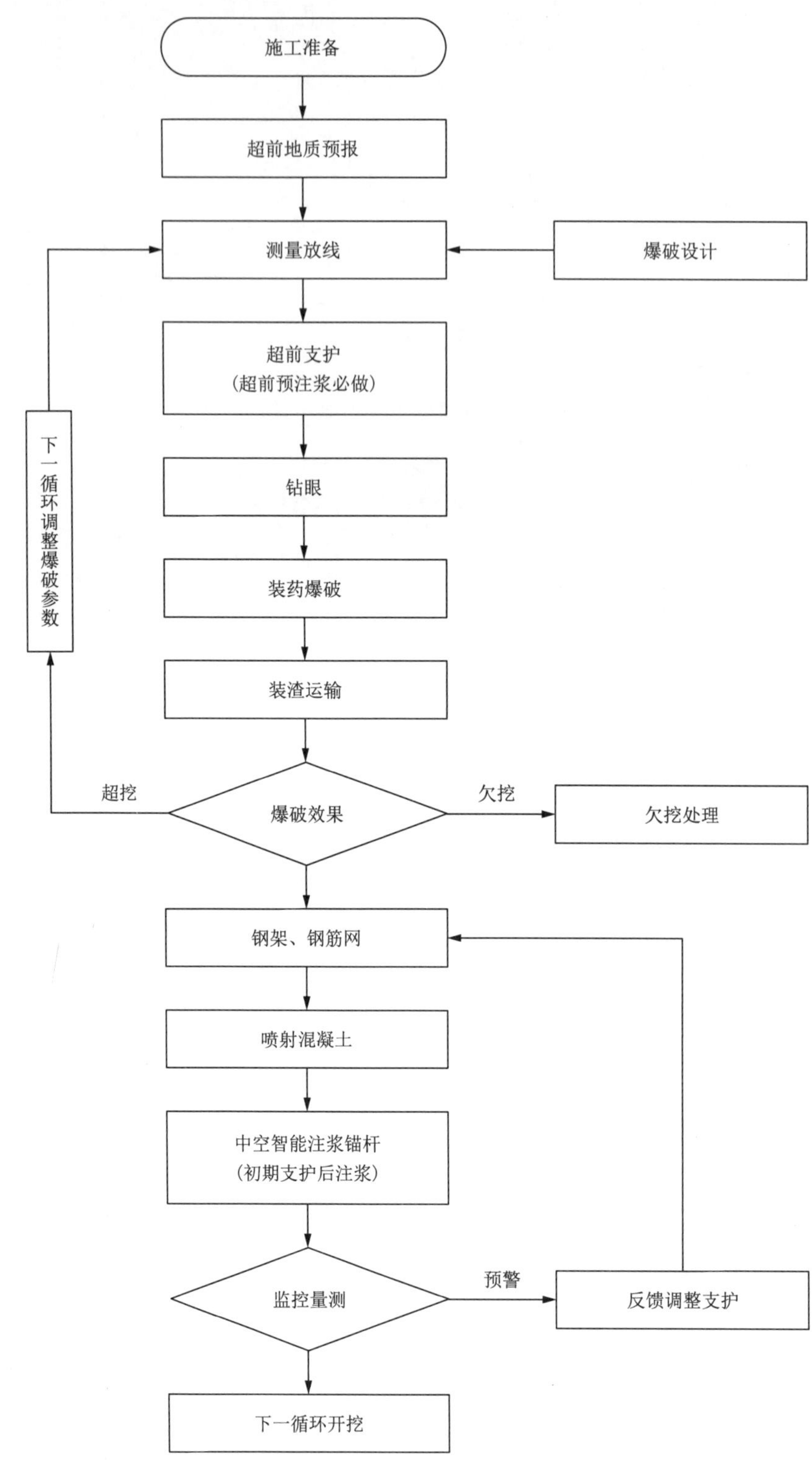

参 考 文 献

[1] 交通运输部 . 公路隧道施工技术规范：JTG/T 3660—2020[S]. 北京：人民交通出版社股份有限公司，2020.

[2] 交通运输部 . 公路隧道设计规范 第一册 土建工程：JTG 3370.1—2018[S]. 北京：人民交通出版社股份有限公司，2019.

[3] 中交第一公路工程局有限公司 . 公路工程施工工艺标准（路基 路面 隧道）：FHEC [S]. 北京：人民交通出版社，2007.

[4] 交通运输部 . 公路隧道设计细则：JTG/T D70—2010[S]. 北京：人民交通出版社，2010.

[5] 中国铁路总公司 . 高速铁路隧道工程施工技术规范：Q/CR 9604—2015[S]. 北京：中国铁道出版社，2015.

[6] 中国铁路总公司 . 客货共线铁路隧道工程施工技术规程：Q/CR 9653—2017 [S]. 北京：中国铁道出版社，2017.

[7] 国家铁路局 . 铁路隧道设计规范：TB 10003—2016 [S]. 北京：中国铁道出版社，2017.

[8] 住房和城乡建设部 . 工程测量标准：GB 50026—2020[S]. 北京：中国计划出版社，2021.

[9] 中国铁路总公司 . 铁路隧道超前地质预报技术规程：Q/CR 9217—2015 [S]. 北京：中国铁道出版社，2015.

[10] 交通运输部 . 公路隧道加固技术规范：JTG/T 5440—2018 [S]. 北京：人民交通出版社股份有限公司，2018.

[11] 中国冶金建设协会 . 岩土锚杆与喷射混凝土支护工程技术规范：GB 50086—2015 [S]. 北京：中国计划出版社，2016.

[12] 中国铁路总公司 . 铁路隧道锚杆支护技术规范：Q/CR 9248—2020[S]. 北京：中国铁道出版社有限公司，2020.

[13] 中国铁路总公司 . 铁路隧道湿喷混凝土施工技术规程：Q/CR 9249—2020[S]. 北京：中国铁道出版社有限公司，2020.

[14] 中国铁路总公司 . 铁路隧道衬砌施工技术规程：Q/CR 9250—2020 [S]. 北京：中国铁道出版社有限公司，2020.

[15] 中国工程建设标准化协会．隧道工程防水技术规范：CECS 370—2014[S]. 北京：中国计划出版社，2014.

[16] 交通运输部．公路隧道通风设计细则：JTG/T D70/2-02—2014 [S]. 北京：人民交通出版社股份有限公司，2014.

[17] 中国铁路总公司．铁路隧道监控量测技术规程：Q/CR 9218—2015[S]. 北京：中国铁道出版社有限公司，2015.

[18] 中国铁路总公司．铁路隧道工程施工机械配置技术规程：Q/CR 9226—2015[S]. 北京：中国铁道出版社有限公司，2015.

[19] 交通运输部．公路瓦斯隧道设计与施工技术规范：JTG/T 3374—2020[S]. 北京：人民交通出版社股份有限公司，2020.

[20] 四川省质量技术监督局．公路瓦斯隧道技术规程：DB51/T 2243—2016[S]. 成都：西南交通大学出版社，2017.

[21] 国家铁路局．铁路瓦斯隧道技术规范：TB 10120—2019 [S]. 北京：中国铁道出版社有限公司，2019.

[22] 中国铁道学会．铁路岩溶隧道技术规范：T/CRS C0801—2018[S]. 北京：中国铁道出版社有限公司，2018.

[23] 中国铁路总公司．铁路挤压性围岩隧道技术规范：Q/CR9512—2019[S]. 北京：中国铁道出版社有限公司，2019.

[24] 交通运输部．公路工程质量检验评定标准 第一册 土建工程：JTG F80/1—2017[S]. 北京：人民交通出版社股份有限公司，2017.

[25] 中国科技产业化促进会．隧道衬砌质量无损检测技术规程：T/CSPSTC 55—2020[S]. 北京：中国质检出版社，2020.

[26] 肖广智．不良、特殊地质条件隧道施工技术及实例（一）[M]. 北京：人民交通出版社股份有限公司，2015.

[27] 杨宙．岩溶地区隧道施工安全控制技术研究 [D]. 西安：长安大学，2010.

[28] 王章琼，晏鄂川，王亚军．隧道穿越片岩断层破碎带塌方涌水机理及处治技术 [J]. 施工技术，2018，47（24）：5-8.

[29] 赵晓彬，陈林术，胡建，等．慈母山 1 号隧道塌方原因与处理方案分析 [J]. 公路交通技术，2010（03）：112-115.

[30] 袁云海．隧道穿过断层破碎带施工病害处置措施浅析 [J]. 地下空间与工程学报，2013，9（S1）：1713-1716.

[31] 张浩，崔永杰．夜珠坪隧道富水段涌水原因及防治方案 [J]. 沈阳大学学报（自然科学版），2018，30（04）：311-318.

[32] 张学文．桃树坪隧道穿越富水粉细砂地层塌方处治施工技术 [J]. 隧道建设（中英文），

2018，38（02）：308-315.

[33] 李睿哲 . 大华山隧道涌水原因分析及处治措施 [J]. 公路，2019，64（01）：290-294.

[34] 代维达 . 富水岩石地层地铁区间隧道涌水治理技术 [J]. 铁道建筑，2017，57(08)：69-72，93.

[35] 王勇，李丽民，银力，等 . 隧道大变形施工处治技术 [J]. 现代隧道技术，2010，47(02)：87-90.

[36] 苟彪，张奕斌 . 新蜀河隧道炭质片岩大变形控制技术研究 [J]. 铁道工程学报，2009，26（11）：40-44.

[37] 陈良兵 . 大跨度软弱围岩隧道塌方处治施工技术 [J]. 铁道建筑技术，2016(07)：29-32.

[38] 罗治国，张智健，李勇森，等 . 富水软弱围岩隧道塌方机理及治理措施 [J]. 河南科技大学学报（自然科学版），2021，42（02）：59-64.